U0108704

蘇民峰

如何選擇
風水屋

圓方出版社

作者簡介

蘇民峰 長髮，生於一九六〇年，人稱現代賴布衣，對風水命理等術數有獨特之個人見解。憑着天賦之聰敏及與術數的緣分，對於風水命理之判斷既快且準，往往一針見血，疑難盡釋。

以下是蘇民峰這四十年之簡介：

八三年 開始業餘性質會客以汲取實際經驗。

八六年 正式開班施教，包括面相、掌相及八字命理。

八七年 毅然拋開一切，隻身前往西藏達半年之久。期間曾遊歷西藏佛教聖地「神山」、「聖湖」，並深入西藏各處作實地體驗，對日後人生之看法實跨進一大步。回港後開設多間店舖（石頭店），售賣西藏密教法器及日常用品予有緣人士，又於店內以半職業形式為各界人士看風水命理。

八八年 夏天受聘往北歐勘察風水，足跡遍達瑞典、挪威、丹麥及南歐之西班牙，隨後再受聘往加拿大等地勘察。同年接受《繽紛雜誌》訪問。

八九年 再度前往美加，為當地華人服務，期間更多次前往新加坡、日本，以至台灣地區等。同年接受《城市周刊》訪問。

九〇年 夏冬兩次前往美加勘察，更多次前往台灣地區，又接受當地之《翡翠雜誌》、《生活報》等多本雜誌訪問。同年授予三名入室弟子蘇派風水。

九一年 續去美加，以至台灣地區勘察。是年接受《快報》、亞洲電視及英國BBC國家電視台訪問。所有訪問皆詳述風水命理對人生的影響，目的為使讀者及觀眾能以正確態度去面對人生。同年又出版了「現代賴布衣手記之風水入門」錄影帶，以滿足對風水命理有研究興趣之讀者。

九二年 續去美加及東南亞各地勘察風水，同年BBC之訪問於英文電視台及衛星電視「出位旅程」播出。此年正式開班教授蘇派風水。

九四年 首次前往南半球之澳洲勘察，研究澳洲計算八字的方法與北半球是否不同。同年接受兩本玄學雜誌《奇聞》及《傳奇》之訪問。是年創出寒熱命論。

九五年 再度發行「風水入門」之錄影帶。同年接受《星島日報》及《星島晚報》之訪問。

九六年 受聘前往澳洲、三藩市、夏威夷及東南亞等地勘察風水。同年接受《凸周刊》、《壹本便利》、《優閣雜誌》及美聯社、英國MTV電視節目之訪問。是年正式將寒熱命論授予學生。

九七年 首次前往南非勘察當地風水形勢。同年接受日本NHK電視台、丹麥電視台、《置業家居》、《投資理財》及《成報》之訪問。同年創出風水之五行化動土局。

九八年　首次前往意大利及英國勘察。同年接受《TVB 周刊》、《B International》、《壹週刊》等雜誌之訪問，並應邀前往有線電視、新城電台、商業電台作嘉賓。

九九年　再次前往歐洲勘察，同年接受《壹週刊》、《東周刊》、《太陽報》及無數雜誌、報章訪問，同時應邀往商台及各大電視台作嘉賓及主持。此年推出首部著作，名為《蘇民峰觀相知人》，並首次推出風水鑽飾之「五行之飾」、「陰陽」、「天圓地方」系列，另多次接受雜誌進行有關鑽飾系列之訪問。

二千年　再次前往歐洲、美國勘察風水，並首次前往紐約，同年 masterso.com 網站正式成立，並接受多本雜誌訪問關於網站之內容形式，及接受校園雜誌《Varsity》、日本之《Marie Claire》、復康力量出版之《香港 100 個叻人》、《君子》、《明報》等雜誌報章作個人訪問。同年首次推出第一部風水著作《蘇民峰風生水起（巒頭篇）》、第一部流年運程書《蛇年運程》及再次推出新一系列關於風水之五行鑽飾，並應無線電視、商業電台、新城電台作嘉賓主持。

〇一年　再次前往歐洲勘察風水，同年接受《南華早報》、《忽然一週》、《蘋果日報》、日本雜誌《花時間》、NHK 電視台、關西電視台及《讀賣新聞》之訪問，以及應紐約華語電台邀請作玄學節目嘉賓主持。同年再次推出第二部風水著作《蘇民峰風生水起（理氣篇）》及《馬年運程》。

〇二年 再一次前往歐洲及紐約勘察風水。續應紐約華語電台邀請作玄學節目嘉賓主持，及應邀往香港電台作嘉賓主持。是年出版《蘇民峰玄學錦囊（相掌篇）》、《蘇民峰八字論命》、《蘇民峰玄學錦囊（姓名篇）》。同年接受《3週刊》、《家週刊》、《快週刊》及日本的《讀賣新聞》之訪問。

〇三年 再次前往歐洲勘察風水，並首次前往荷蘭，續應紐約華語電台邀請作玄學節目嘉賓主持。同年接受《星島日報》、《東方日報》、《成報》、《太陽報》、《壹週刊》、《壹本便利》、《蘋果日報》、《新假期》、《文匯報》、《自主空間》之訪問，及出版《蘇民峰玄學錦囊（風水天書）》與漫畫《蘇民峰傳奇1》。

〇四年 再次前往西班牙、荷蘭、歐洲勘察風水，續應紐約華語電台邀請作風水節目嘉賓主持，及應有線電視、華娛電視之邀請作其節目嘉賓，同年接受《新假期》、《MAXIM》、《壹週刊》、《太陽報》、《東方日報》、《星島日報》、《成報》、《經濟日報》、《快週刊》、《Hong Kong Tatler》之訪問，及出版《蘇民峰之生活玄機點滴》、漫畫《蘇民峰傳奇2》、《家宅風水基本法》、《The Essential Face Reading》、《The Enjoyment of Face Reading and Palmistry》、《Feng Shui by Observation》及《Feng Shui — A Guide to Daily Applications》。

〇五年始 應邀為無綫電視、有線電視、亞洲電視、商業電台、日本NHK電視台作嘉賓或主持，同時接受不同雜誌訪問，並出版《觀掌知心（入門篇）》、《中國掌相》、《八字萬年曆》、

《八字入門捉用神》、《八字進階論格局看行運》、《生活風水點滴》、《風生水起（商業篇）》、《如何選擇風水屋》、《談情説相》、《峰狂遊世界》、《瘋蘇Blog Blog趣》、《師傅開飯》、《蘇民峰美食遊蹤》、《蘇民峰 • Lilian蜜蜜煮》、《A Complete Guide to Feng Shui》、《Practical Face Reading & Palmistry》、《Feng Shui — a Key to Prosperous Business》、五行化動土局套裝、《相學全集一至四》、《八字秘法（全集）》、《簡易改名法》、《八字筆記（全集）》、《蘇語錄與實用面相》、《中國掌相》、《風水謬誤與基本知識》等。

蘇民峰顧問有限公司
電話：2780 3675
傳真：2780 1489
網址：www.masterso.com
預約時間：星期一至五（下午二時至七時）

自序

安居樂業是每一個人的夢想，所以置業算是人生中的一個大決定。除了要考慮地點及負擔能力以外，風水亦是很多人會考慮的其中一個因素。有鑑於此，不如寫一本專書，讓各位相信風水的讀者有所跟從，不至漫無目的地亂選，萬一選錯一間損財傷丁的屋就不知該如何是好了。

蘇民峰

目錄

第十步　室外注意事項

第十一步　室內注意事項

第十二步　風水關謬

透明羅庚使用方法

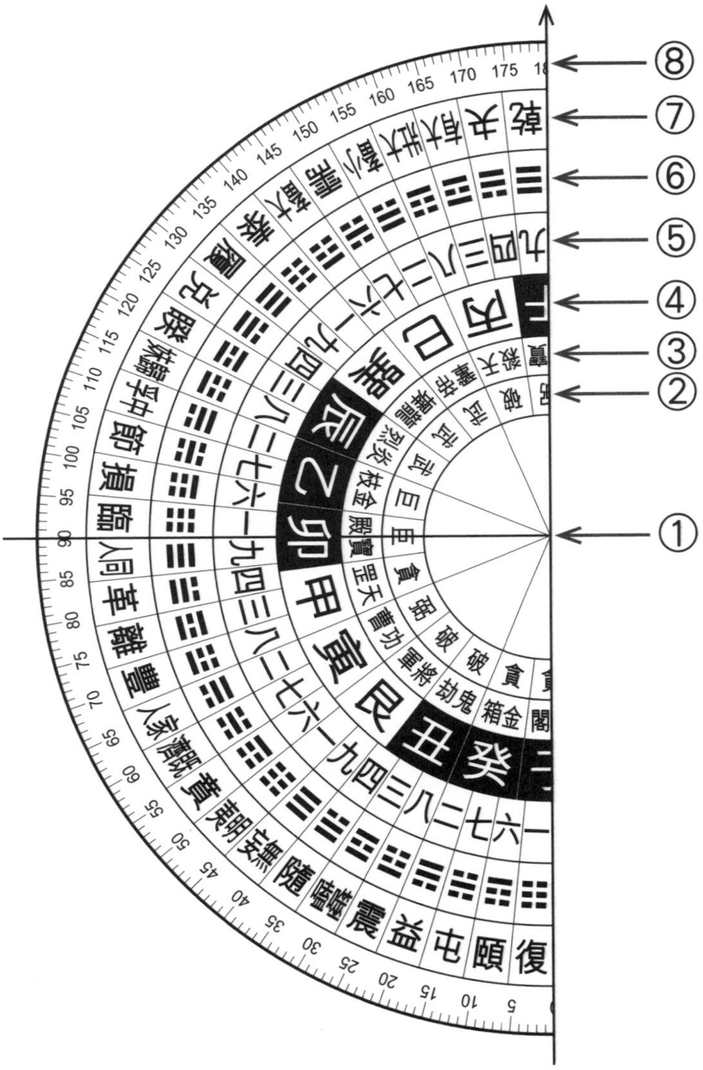
⑧
⑦
⑥
⑤
④
③
②
①

①此為羅庚的中心點。使用時，須將之置於陽宅平面圖的坐標中心或宅門延伸線上。

②挨星，如「巨」為「巨門」、「武」為「武曲」、「破」為「破軍」等。

③天星圖。

④二十四山，如「甲、卯、乙」代表「正東」、「丙、午、丁」代表「正南」、「庚、酉、辛」代表「正西」。

⑤九星，如「一」為「一白水」、「二」為「二黑土」、「三」為「三碧木」等。

⑥六十四卦外卦。

⑦六十四卦卦名。

⑧三百六十度周天，標示三百六十度位置所在。

註：④和⑧是量度一宅坐向時最常用的。

例一 坐庚向甲

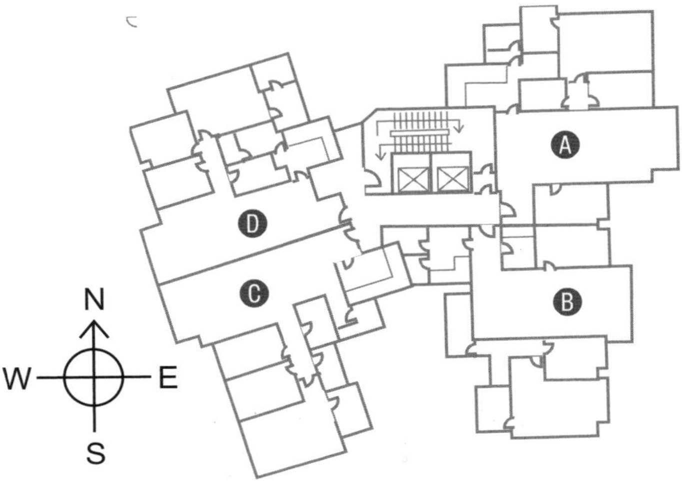

1. 從樓宇平面圖找出自己的住宅（假設D宅為需要量度坐向之單位），並撕下封面所附之透明羅庚。

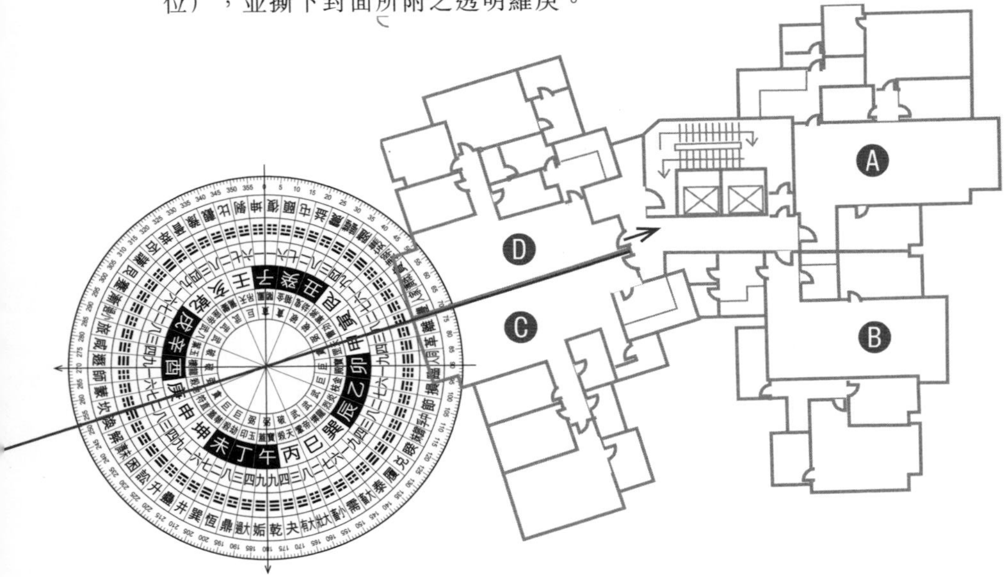

2. 從D宅宅門畫一條延伸線，然後將透明羅庚的中心點置於延伸線上的任何一點，便可得出D宅為坐庚向甲（見上圖）。
(羅庚二十四山的「子」向坐標的正北方、「午」向正南方、「卯」向正東方、「酉」向正西方。)

例二 坐卯向酉

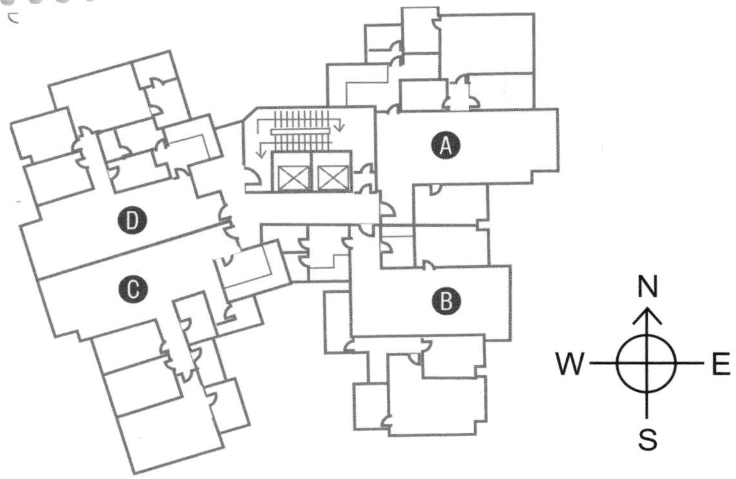

1. 從樓宇平面圖找出自己的住宅（假設A宅為需要量度坐向之單位）。

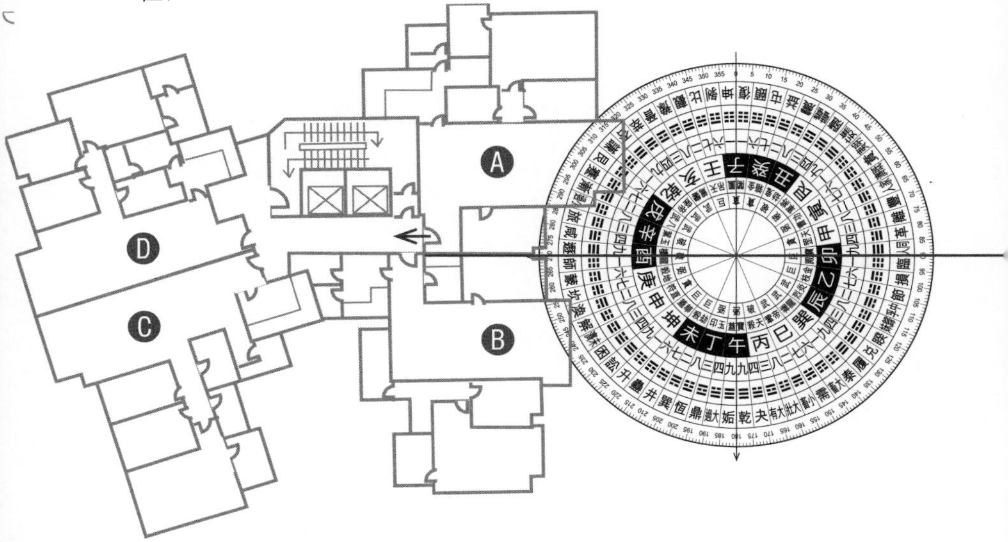

2. 從A宅宅門畫一條延伸線，然後將透明羅庚的中心點置於延伸線上的任何一點，便可得出A宅為坐卯向酉（見上圖）。
(羅庚二十四山的「子」向坐標的正北方、「午」向正南方、「卯」向正東方、「酉」向正西方。)

例三 坐子向午

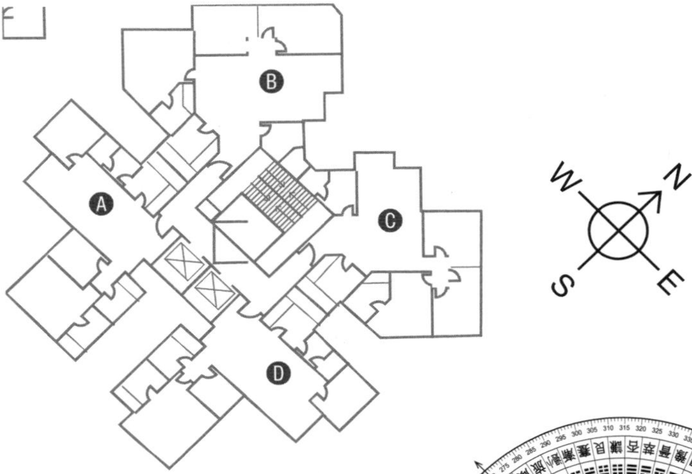

1. 上圖以 C 宅為例。

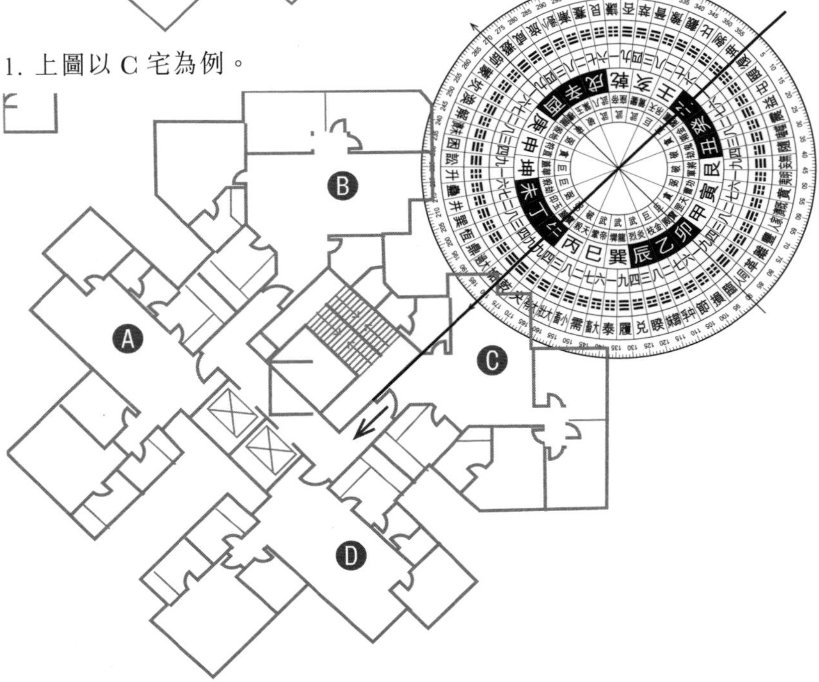

2. 從 C 宅宅門畫一條延伸線，然後將透明羅庚的中心點置於延伸線上的任何一點，便可得出 C 宅為坐子向午（見上圖）。
(羅庚二十四山的「子」向坐標的正北方、「午」向正南方、「卯」向正東方、「酉」向正西方。)

例四
坐午向子

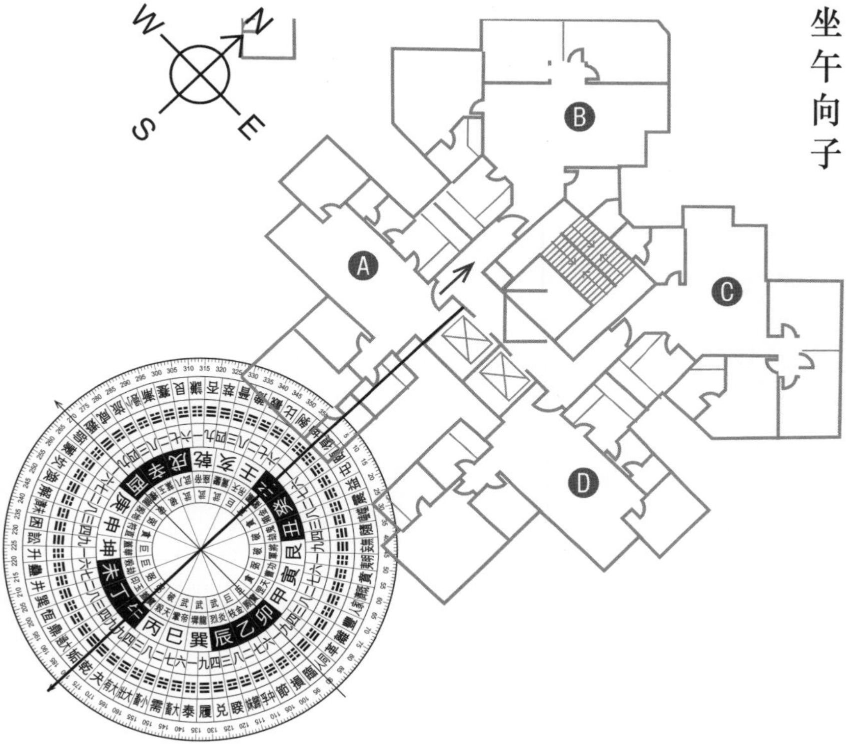

1. 以例三住宅平面圖中的 A 宅為例。

2. 從 A 宅宅門畫一條延伸線，然後將透明羅庚的中心點置於延伸線上的任何一點，便可得出 A 宅為坐午向子（見上圖）。
(羅庚二十四山的「子」向坐標的正北方、「午」向正南方、「卯」向正東方、「酉」向正西方。)

入宅步驟

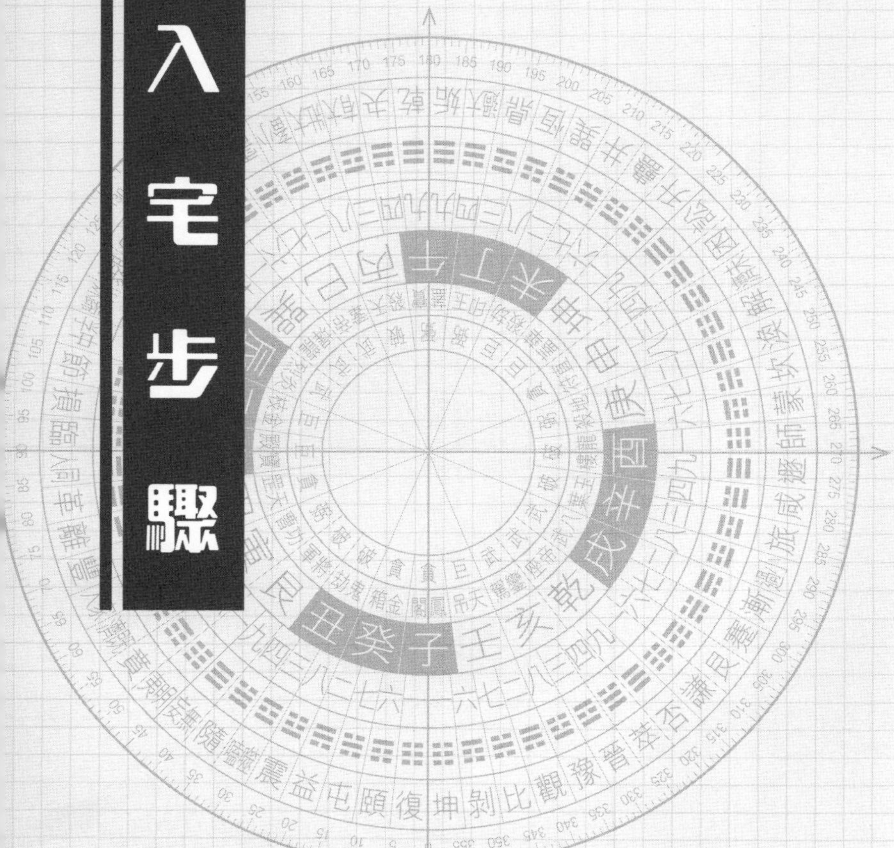

入宅步驟

本書將以選宅、入宅的步驟來分章節，以下先簡單歸納整個程序及要點，以作引子。

一、先看何區，哪邊山，哪邊水。

二、再看屬何種建築物，是商場、大廈、平房抑或村屋，然後判斷從何處定向。

三、住宅看入宅來路，商場看來水去水，街鋪亦然。

四、立向，所謂「入屋看門口，禍福知八九」。

五、起八宅、飛星、飛布，分房定吉凶，作神位及家具擺設。

六、看宅之內、外形勢。

七、最後還要察看年、月飛星，以定宅中流年、流月之衰旺情況。

八、再擺吉時、吉日，以備動工及入伙之用。

第一步

看地運

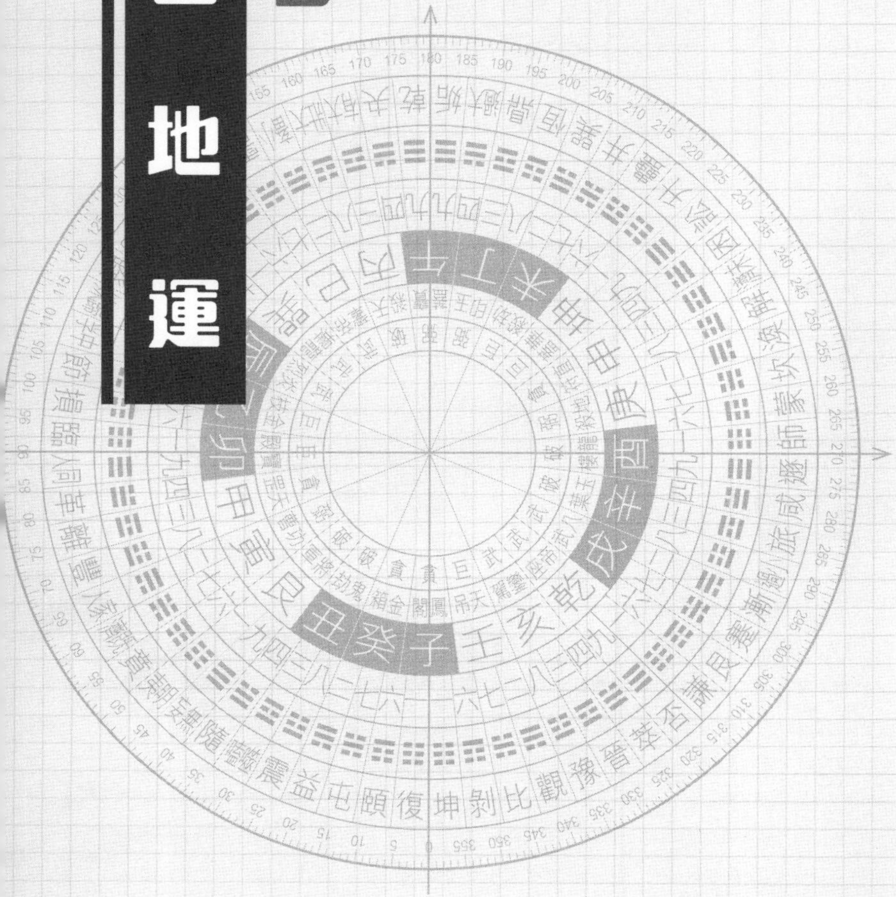

第一步 看地運

地運與住屋風水無直接關係，但住進地運好的房子，樓價會升得相對較快，而區內設施亦會日趨完善，試問誰不想買一套又可以賺住，又可以賺價的房子呢？所以，地運不論用於投資或自住的樓房都同樣合適，又地運分二元八運與三元九運兩種。

二元八運

二元八運取用先天八卦之圖象配上後天卦數而成。

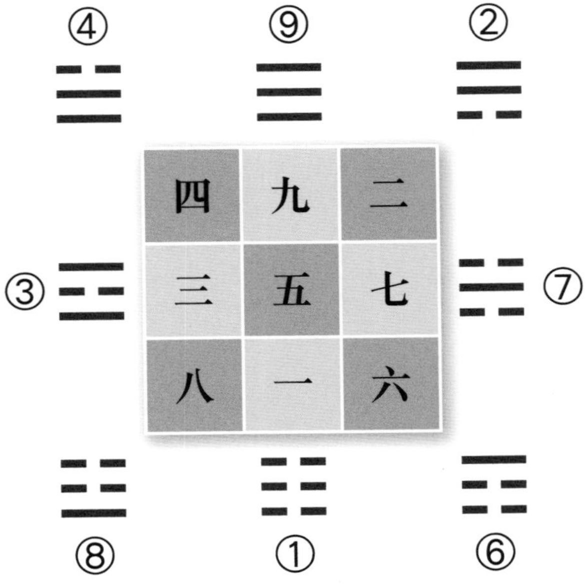

一運	☷	坤卦	一八六四年至一八八一年（共十八年）
二運	☴	巽卦	一八八二年至一九〇五年（共廿四年）
三運	☲	離卦	一九〇六年至一九二九年（共廿四年）
四運	☱	兌卦	一九三〇年至一九五三年（共廿四年）
六運	☶	艮卦	一九五四年至一九七四年（共廿一年）
七運	☵	坎卦	一九七五年至一九九五年（共廿一年）
八運	☳	震卦	一九九六年至二〇一六年（共廿一年）
九運	☰	乾卦	二〇一七年至二〇四三年（共廿七年）

二〇四四年後又再是一運之開始，依此類推，以每一百八十年為一個循環，與三元九運一百八十年一個循環是相同的，只是沒有三元九運中元五運無卦無方向的問題。

上圖一運至九運計算出每一地運最少是十八年，最多是二十七年，計算方法為（⚋）陰爻是六年，（⚊）陽爻是九年。

二元八運主要分為江東卦、江西卦、南北卦三種。

一運、九運為父母卦，利南北有水之地。

二、三、四運為江西卦，利西面有水之地。

六、七、八運為江東卦，利東面有水之地，地運由一九五四年起至二〇一六年止。

以香港為例，之前六十多年的地運由西區慢慢移到東區，所以東區發展神速，基建配套亦互相配合，可見地運的影響不在於住屋風水，而在於區域的發展趨勢。

三元九運

三元為上元一、二、三運共六十年，中元四、五、六運共六十年，下元七、八、九運共六十年。

每一元皆以甲子年開始，癸亥年終結，又最近的一個甲子是一九八四年，而一九八四甲子年正是下元七運之開始。下頁臚列近一百八十年三元九運之年份——

上元甲子

一運　一八六四年至一八八三年（共二十年）
二運　一八八四年至一九〇三年（共二十年）
三運　一九〇四年至一九二三年（共二十年）

中元甲子

四運　一九二四年至一九四三年（共二十年）
五運　一九四四年至一九六三年（共二十年）
六運　一九六四年至一九八三年（共二十年）

下元甲子

七運　一九八四年至二〇〇三年（共二十年）
八運　二〇〇四年至二〇二三年（共二十年）
九運　二〇二四年至二〇四三年（共二十年）

三元九運，每一運為二十年，二十乘九剛好是一百八十年，而三元九運計算地運的方法是每二十年轉一個地運，詳圖如下——

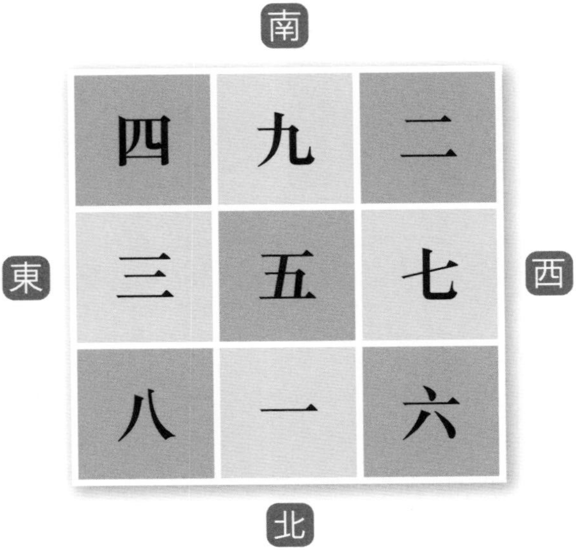

三元九運之地運每二十年一轉，上圖數字「一」代表一運，「二」代表二運，「三」代表三運，依此類推。

至於其計算方法，則為一運一在正北，正北為「正神」，對宮南為「零神」，一般正神要見山，零神要見水，俗稱「零神水」；二運「二」之數字在西南，故二運以西南為正神，對宮東北為零神，而正神見山則旺丁，零神見水則旺財，若相反則此區丁財皆不旺。

現將一運至九運的零正方向臚列如下：

一運——正北見山旺丁，正南見水旺財。
二運——西南見山旺丁，東北見水旺財。
三運——正東見山旺丁，正西見水旺財。
四運——東南見山旺丁，西北見水旺財。
五運——前十年以四運零正計算，後十年以六運零正計算。
六運——西北見山旺丁，東南見水旺財。
七運——正西見山旺丁，正東見水旺財。
八運——東北見山旺丁，西南見水旺財。
九運——正南見山旺丁，正北見水旺財。

二元八運與三元九運的分別是二元八運用大方向定出地運，而三元九運則每二十年定出一個細方向然後再定出地運走向。

簡而言之，二元八運較適合用於陰宅，三元九運則較適宜用於陽宅，尤其是用於每二十年陽宅的不同坐向，定其吉凶時更是尤為準確，故一般從事風水行業者大多用三元九運或只懂得有三元九運而不知有二元八運。

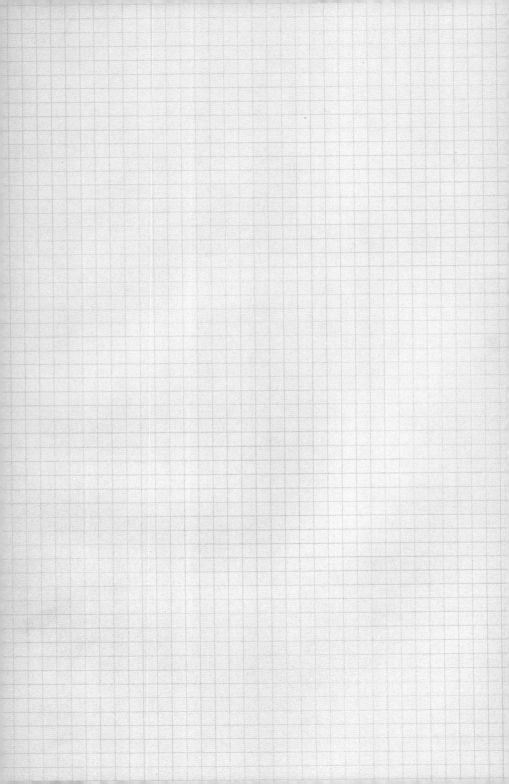

第二步

選地區

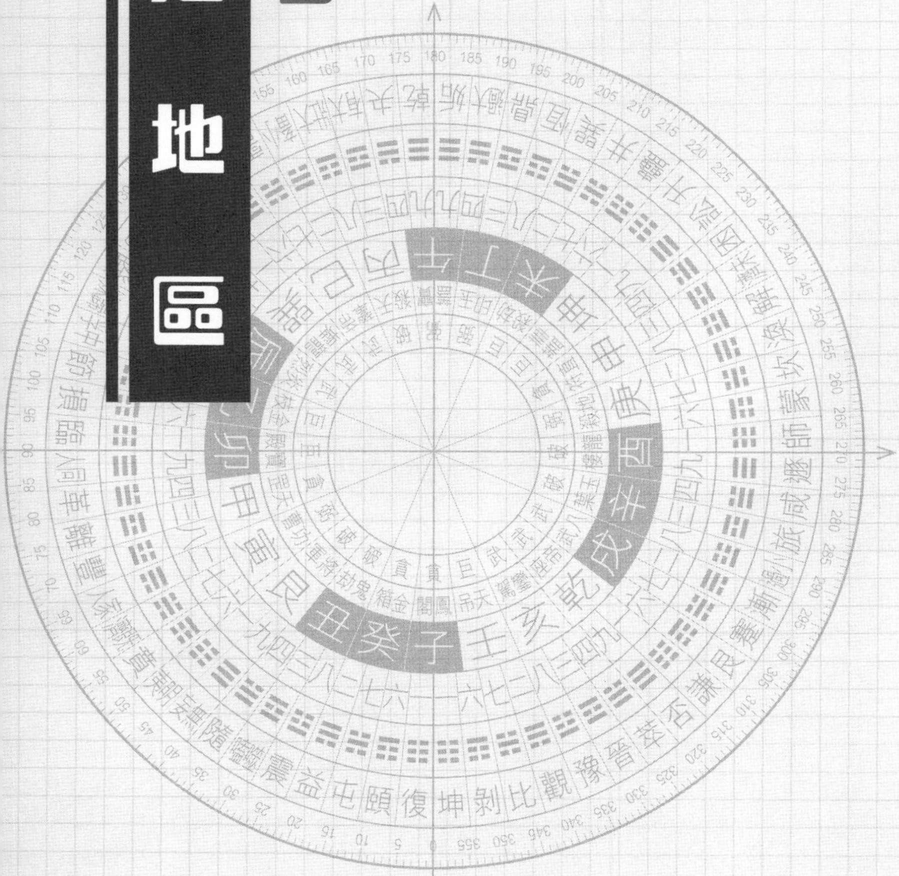

第二步 選地區

既知三元九運，即代表初步已知由二〇〇四年起至二〇二三年止，這二十年均旺西面有水的地方，當中尤以西南見水最佳，故不論處於哪一個城市，這二十年正西、西南及西北，當會比東面發展為快，即使以二元八運論，江東卦亦只行至二〇一六年止，之後便是南北卦。

故綜合兩種地運的看法，這段時間當以西南地區為首選，次之正西，再次之西北，因二元八運入九運後利北面有水之地，故西北及正北之地當然亦有運可行。不過，選行運地區只代表區內發展會較快，樓價升幅相對較大，但因人類是群體社會，且居住是有習慣性的——有些人父母住某一區，子女便想搬近父母那一區居住，又或者從小住在某一區，已經習慣了，即使搬遷亦只會原區遷移，而不會跟着地運去走。其實，這樣是沒有大礙的，即使是不行運的地區，只要大門方向合乎地運，居住的人亦能得到風水之蔭庇。

總括而言，地運主要看地區發展，至於住得好不好、旺不旺財、旺不旺丁，就需看屋運，故屋運其實比地運更為重要。因此，我們毋須隨着地運而搬遷，只要跟着地運去投資物業，便可以盡收風水地利了。

八運、九運香港行運地區

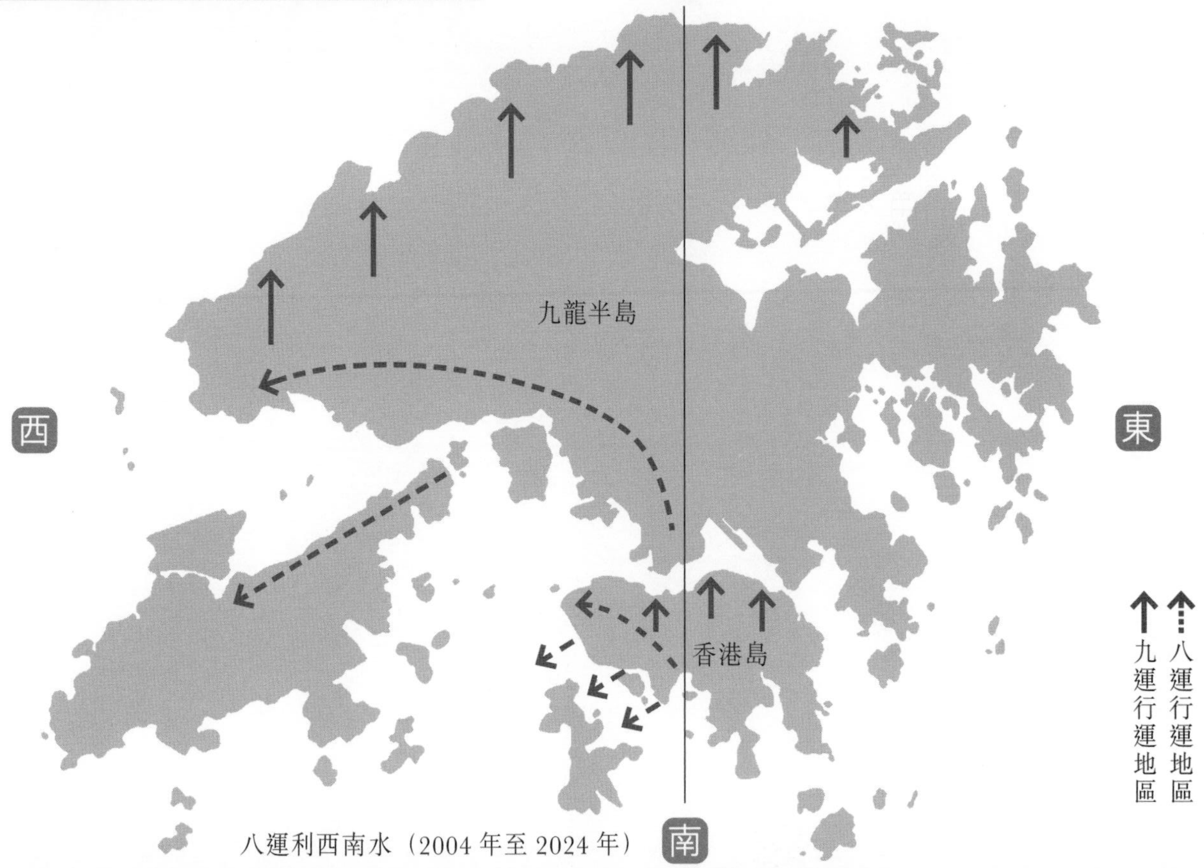
北
九運利北面水（2024 年至 2044 年）
九龍半島
西
東
香港島
南
八運利西南水（2004 年至 2024 年）
八運行運地區
九運行運地區

第三步

看物業所在位置及周遭環境

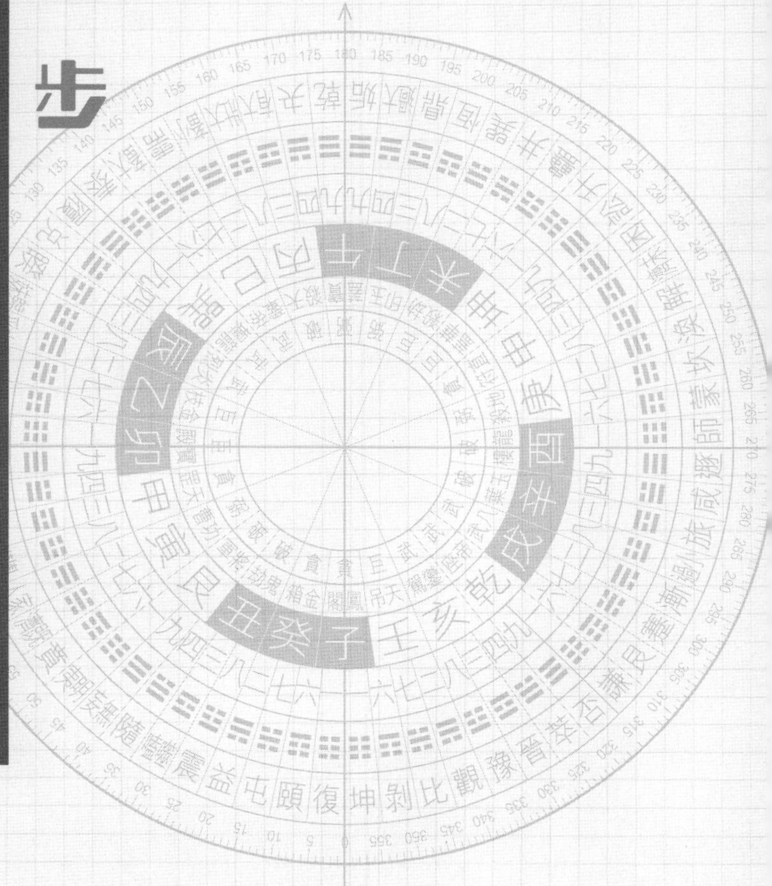

第三步 看物業所在位置及周遭環境

選定地區以後，便要進一步尋找適合自己的物業位置。

事實上，大多數物業都合乎大多數人居住，只有小部分是我們要留意的，現把需要注意的事項詳細列出，而第一種不宜久居的，就是位於陰地的住宅。

物業位於陰地

孤陰不生，獨陽不長。

如物業位於崛頭巷，稱之為「陰地」，並不適宜年青力壯或一家大小、有老有嫩的家庭居住，因陰地不聚人，既不利身體，亦不利財運，只有單身女子或年長退休人士可以居住，但亦只是可以居住而已，並不一定有好處——

單身女子住在陰地，雖然對事業有幫助，但畢竟不利感情；至於老年人住在陰地，亦只是影響不大而已，不一定有好處。

例一

陰氣重加上動土煞

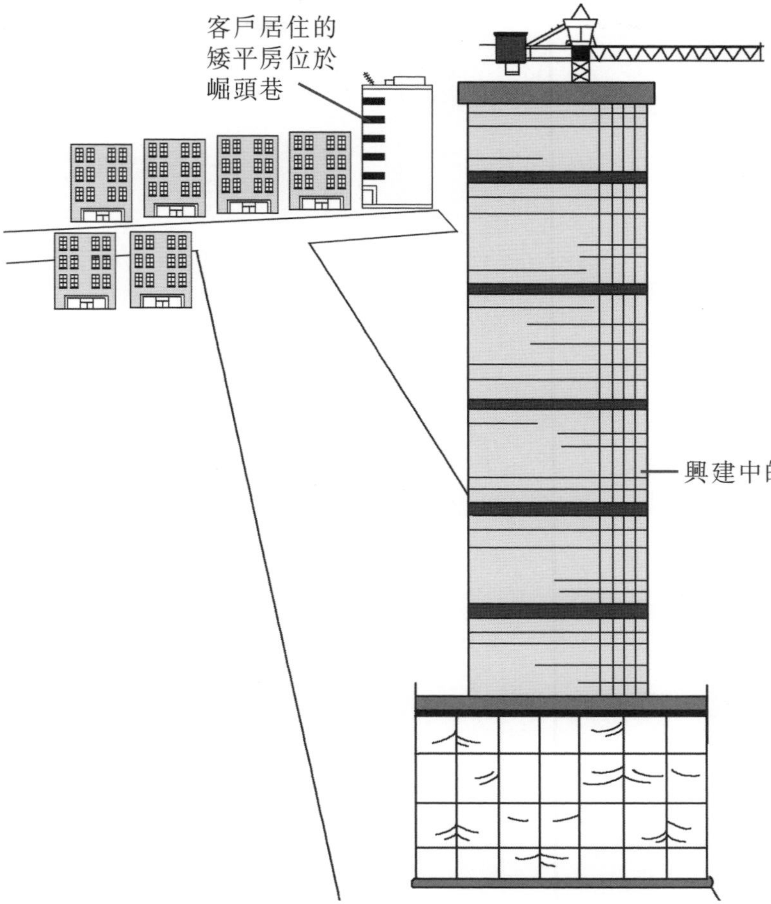

(圖一) 家宅對面正興建四十多層高的大廈，已犯了動土煞，而客人所居住的大廈更是只有四、五層的平房。當其正對着正在建築的高樓大廈，就好像前面有一個神主牌或墓碑壓下來一樣。

上述例子是多年前的一個案例，戶主入住以後，官非、疾病、癌症相繼而來，實在不得不相信風水的影響（見圖一）。

然而，即使筆者幫他勘察以後亦別無他法，因單位已經在崛頭巷陰地，加上房屋坐向不佳，損財傷丁，並有一排窗正對着正在動土的大地盤，陰氣重加上動土煞，不惹上損傷、疾病、開刀、破財、官司才怪。唯一之法，就是搬離此單位，雖然是自置物業，但戶主二話不說，馬上遷出並租住東區某風水特別好的大型屋苑。住了數年之後，問題開始逐漸解決，而癌症十多廿年也沒有復發，算是完全痊癒了。

例二 物業位於崛頭巷

此例的單位位於西營盤一細街上的崛頭巷，可說是陰中之陰，對人口極為不利（見圖二）。其處於一條單程路的小街上，陽氣本來已經不重，加上此單位位處小街上的一條崛頭巷內，更是陰中之陰。

單位本是一對老夫婦用作養老之所，約四百多呎，與兩名子女同住，總算有一個安樂窩；但入住以後，子女相繼去世，找筆者看風水時發現太太也得了癌症。由於這對夫婦已經是退休人士，根本無能力另覓新居，故唯有幫他們放一個特別旺身體的風水局，望他們能在此頤養天年。

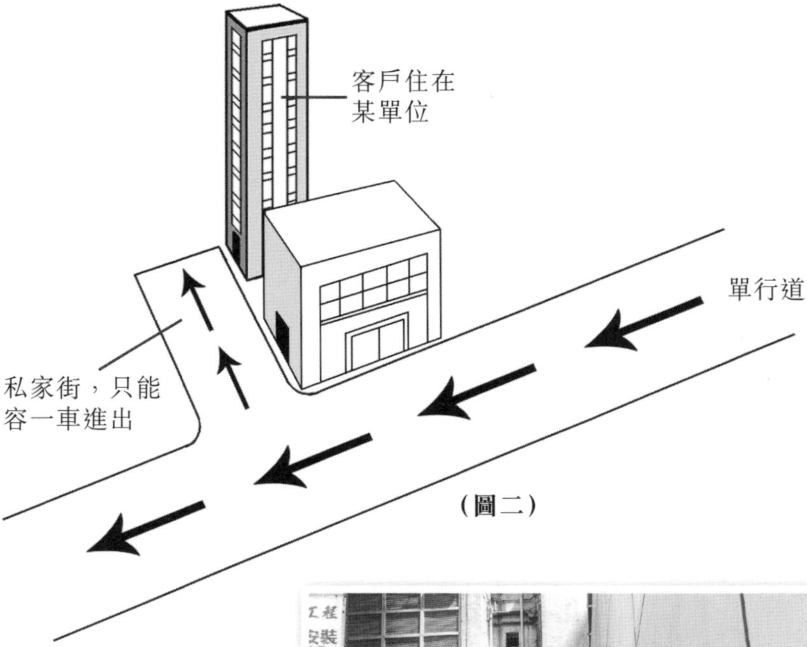

(圖二)

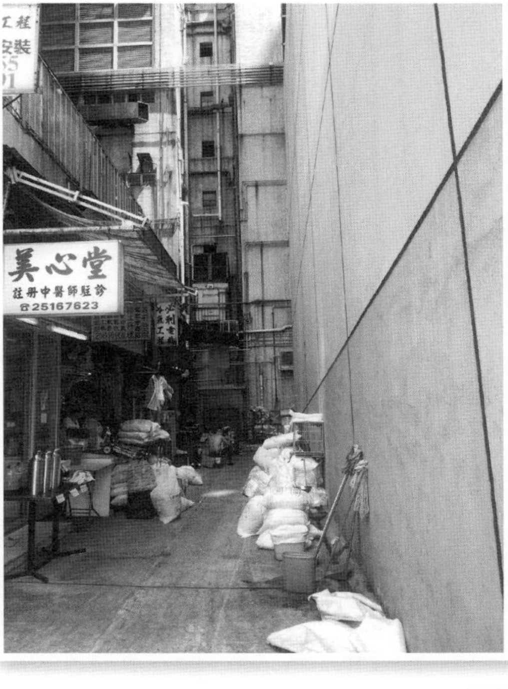

小街的陽氣本來已經不重，如住宅更位於崛頭路，則屬陰中之陰。

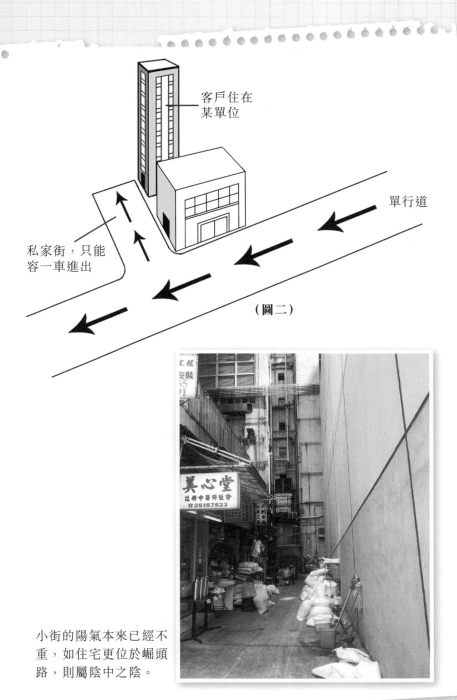

例三　物業位於U字形凹街

這是大街中凹入去的一條小街，雖然有車進出，成U字路，但三排大廈圍住一條窄路，密不透風，亦形成陰地效應，只是與例一、例二相比，情況沒有那麼嚴重而已（見圖三）。

我一女性客人住在其中一個單位，雖然搬進去以後事業不錯，但陰地始終陰陽不調和，縱利女性事業，亦不利感情。

結果，搬進去以後不久，不但已到談婚論嫁的感情無疾而終，而住進去的兩年以來感情亦始終「無着落」，最後只好搬離此宅。

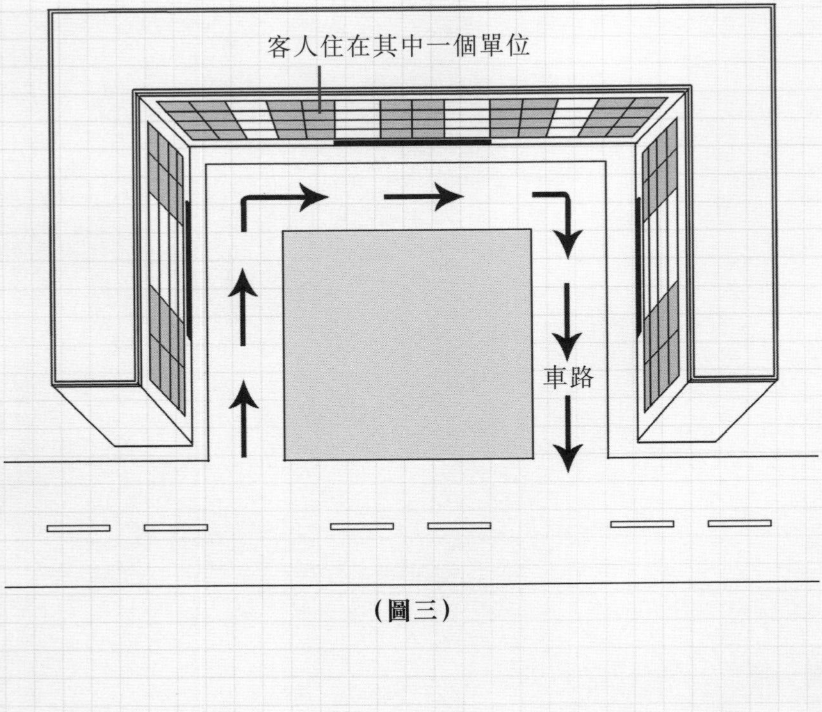

（圖三）

例四 街道是崛頭路

此建築物位於一條大路中的一條支路的盡頭，雖然道路尚算寬闊，無孤陰之象，但始終是陽氣少，陰氣多（見圖四）。

筆者很多客人住進這裏以後，都看不到嚴重的壞影響，但可能是陰地的關係，樓價一直比附近樓宇低兩三成，相信是陰地效應。

大抵很多人「睇樓」以後，始終覺得是崛頭路，不夠開揚，故「開價」都不會太進取，以致樓價落後於同區其他樓宇。

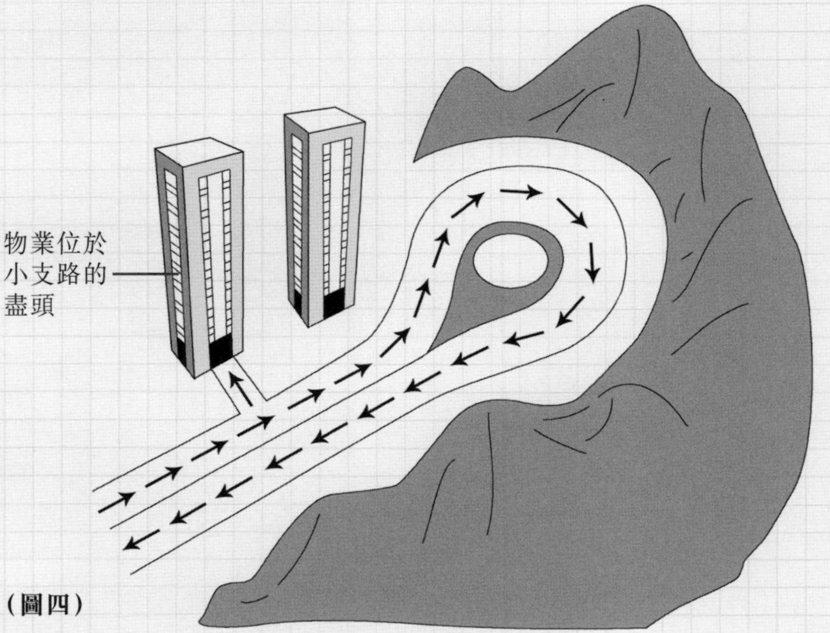

（圖四）

例五 物業在大廈底層

這是一些建在斜路底部或凹下去的地段的底層地下單位，由於地段凹陷，單位又被周遭大廈圍着，形成陰地效應（見圖五）。

最初客人之所以得以買入這單位，是因上手業主在辦離婚手續要賣掉房子分產。

後來買入房子的是我的客人，是四位女士，陰地加上一屋女性，陰上加陰，住進去後事業倒沒問題，但姻緣就不樂觀了。最終，當然要搬離此地，以免一直單身下去。

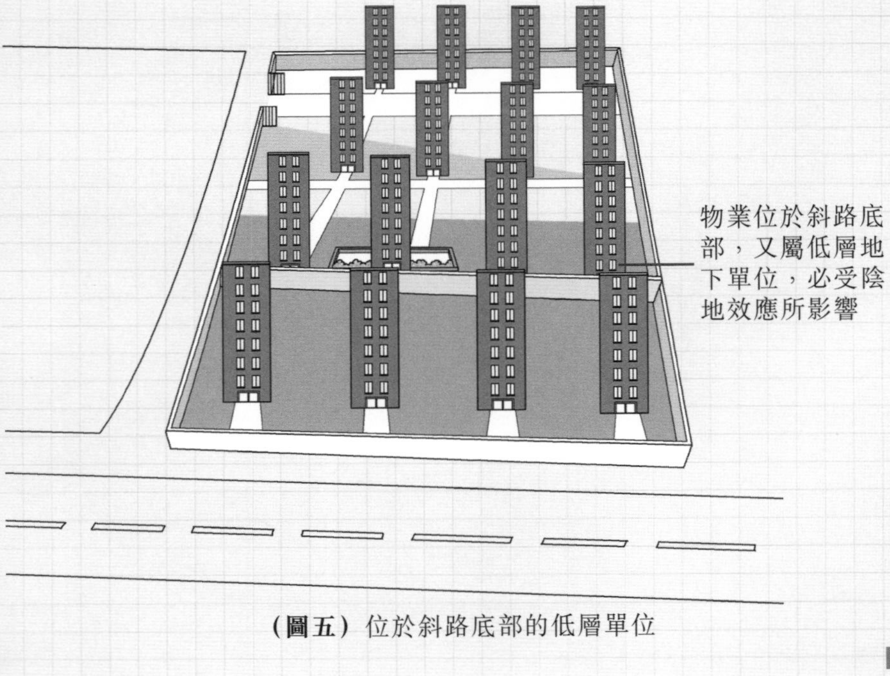
物業位於斜路底部，又屬低層地下單位，必受陰地效應所影響

（圖五） 位於斜路底部的低層單位

例六 物業位於低窪地帶

物業位於低窪地帶的話，多層式建築物還可，只有最低幾層算是陰地，但別墅式的建築物之問題會較大，尤其位於低窪地帶的別墅，必會受陰地效應的影響，容易引致家庭不睦，夫妻不和（見圖六）。

新界區有些地方往往會出現上述問題，即住所建在山谷或低地中。事實上，居所位處低窪地帶的上部不會受影響，反而有居高臨下之勢；但處於低窪地帶的房屋就容易聚陰了，唯有多打開窗讓陽光進入或在屋內把燈調得光亮一點，以利陰陽調和。

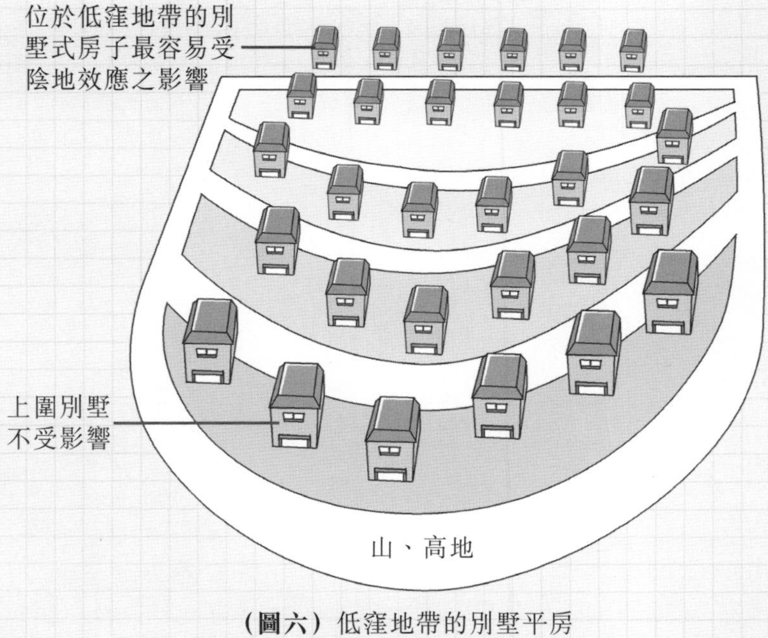
位於低窪地帶的別
墅式房子最容易受
陰地效應之影響
上圍別墅
不受影響
山、高地

（圖六） 低窪地帶的別墅平房

例一　物業坐落崛頭路，但並無被山圍困

圖中之數座大廈雖然坐落在崛頭路內，但建築物並無被山圍困成為陰地，反而成背山面海之局。

此局早晚都非常通風，所以即使坐落在崛頭路上，也不算是孤陰（見圖七）。

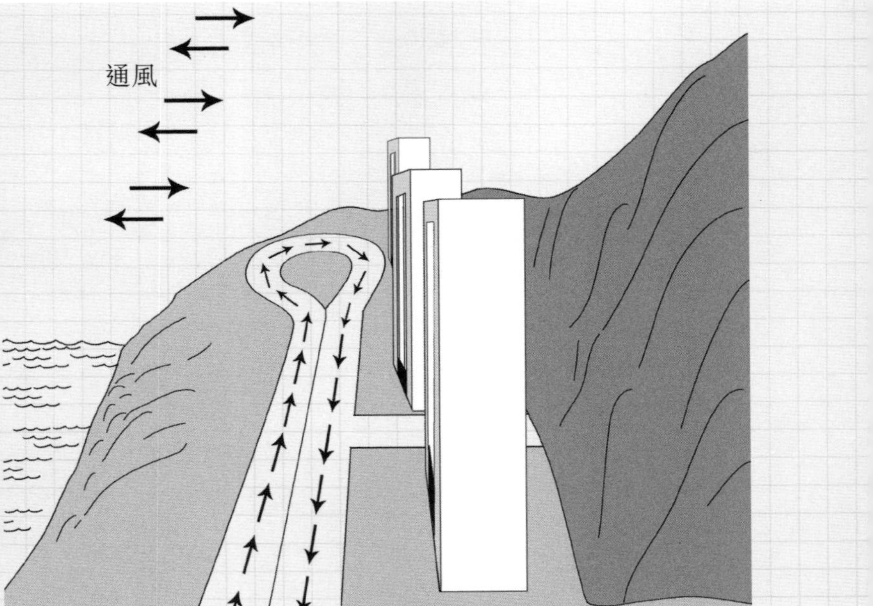

（圖七）背山面海局

例二　物業位於內街圓環內

這類型的建築物在人口密度不高的地方隨處可見——建築物有自己的私家街道出入，形成很多狀似㟜頭街的小區；而香港在新界之地亦常見（見圖八）。

事實上，這些路雖然是㟜頭路，但因都是一些數層高的建築物，而建築物與另一建築物之間又有平地讓空氣流進流出，並沒有造成陰陽不調和之象，故不以為忌。

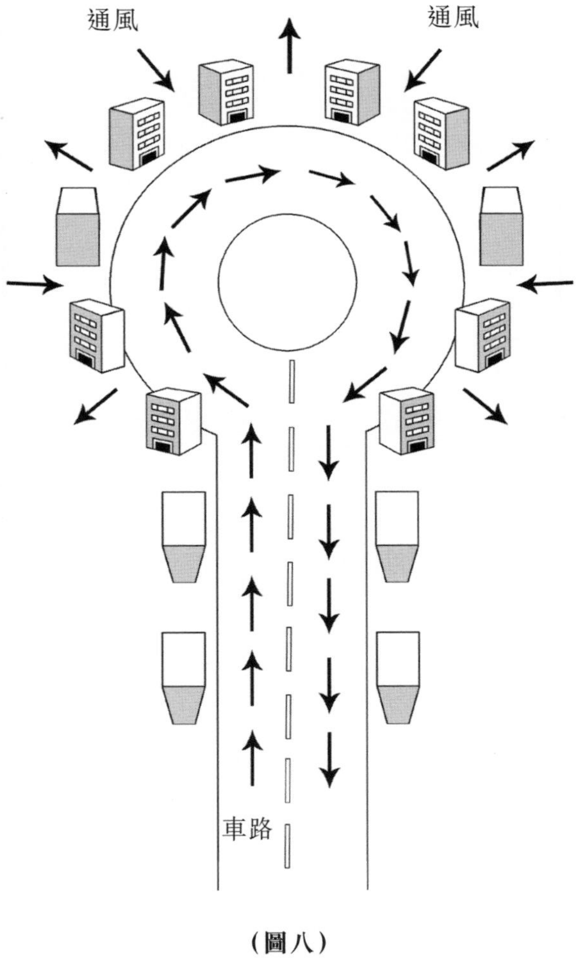

（圖八）

例三 屋與屋之間空氣流通，不作陰地看

下圖所示的一排排小屋在香港新界區常常會見到，雖然很多時會出現很多崛頭路，但因巷尾多是平地，且屋與屋之間空氣亦流通，再加上是兩三層高的建築物，不會阻礙空氣流通，故不當作陰地來看。

事實上，即使巷尾是山，亦不一定是陰地，但有煞氣與否就要實地看形勢了。

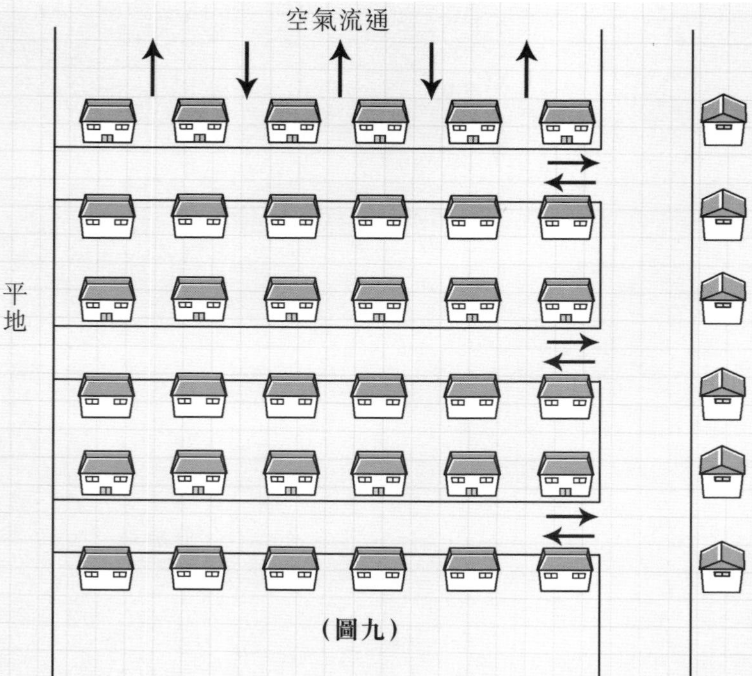

(圖九)

例四　山頂上的崛頭巷

位於山頂上的崛頭巷，由於位於高地，故形成陰地效應的機會不大，除非處於山腰而又人跡罕見，才有機會變成陰地（見圖十）。

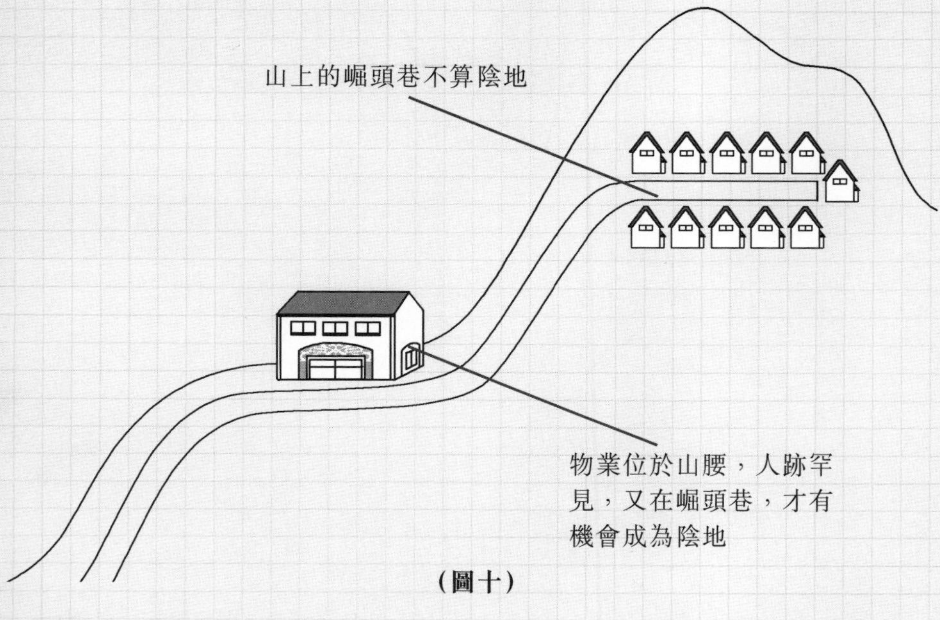
山上的崛頭巷不算陰地
物業位於山腰，人跡罕見，又在崛頭巷，才有機會成為陰地

（圖十）

物業位於海邊

海旁崖上的房子

物業位於深水海邊，如果是多層大廈，地下為平台，建築物有平台做緩衝區，則這樣的海邊單位是沒有問題的，只要水的位置適合便可——二〇〇四年至二〇二四年西南面見水，能為住客帶來正面之財運（見圖十一）。二〇二四至二〇四四年利北面水。

（圖十一）

然而，位在海旁崖上的小屋，就要看水是慢慢傾斜、慢慢地深下去（見圖十二），還是在懸崖下直深下去（見圖十三），如果是後者的話，便稱為「割腳水」，有財來財去之象；但如果屋與海有超過五米以上的緩衝區，則問題不大，反而有利偏財（見圖十四）。

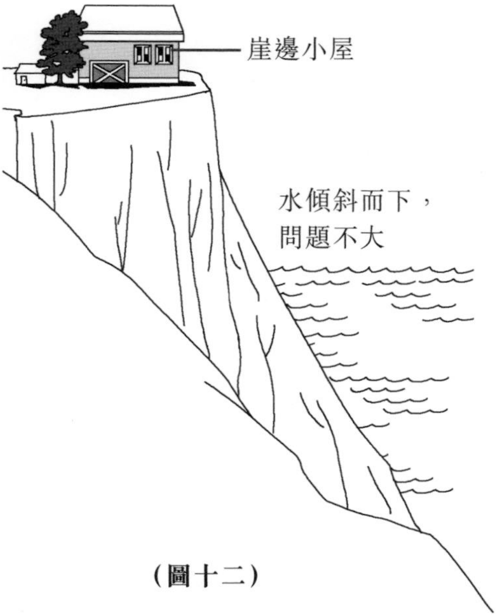
崖邊小屋
水傾斜而下，
問題不大

（圖十二）

與海距離五米以上，
反而有利偏財
海

（圖十四）

割腳水財來財去
海

（圖十三）

沙灘上的小房子

沙灘一般是慢慢傾斜且水是緩緩地深下去的，這樣房子無論距離海有多近，都不會有鐮刀割腳的問題，只要察看水的位置，是旺財水還是破財水就可以了（見圖十五）。

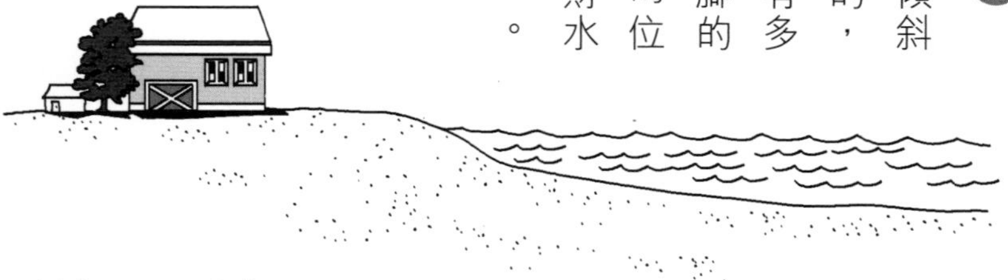

（圖十五） 海灘旁的小屋沒有鐮刀割腳、財來財去的問題。

海上有小島

這種格局名為「星羅棋布，金箱玉印」，主能儲積財富，不會財來財去，且有利夫妻感情（見圖十六）。

（圖十六）海上有小島

宅外海上見小島，主財能聚。

海上一望無際

海上一望無際，為「水口浪蕩」，主財來財去，快發快喪，亦不利家人感情。如在海灘旁有左右龍虎沙環抱還可以，要是在大海旁則不是太理想。

如圖十七所示，雖然屋前一望無際，但因有龍虎沙合抱，也算有情，問題不大。然而，如海上一望無際，既無龍虎沙合抱，亦無金箱玉印，不難住至人口離散（見圖十八）。

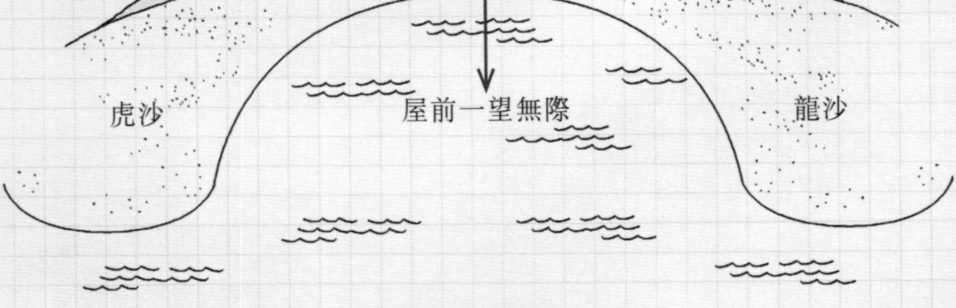

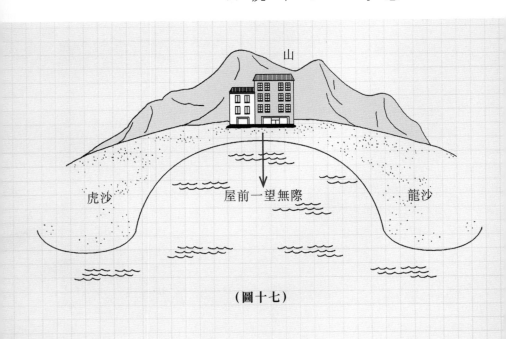

(圖十七)

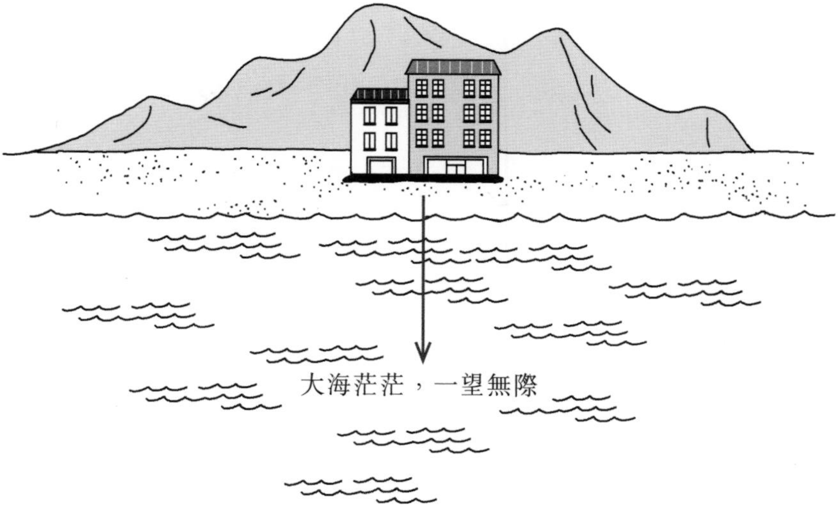

(圖十八)

屋在反弓位置

屋在反弓位置，為反弓水，不利感情，夫妻不睦，父子不和，員工吃裏扒外，陽奉陰違（見圖十九）。

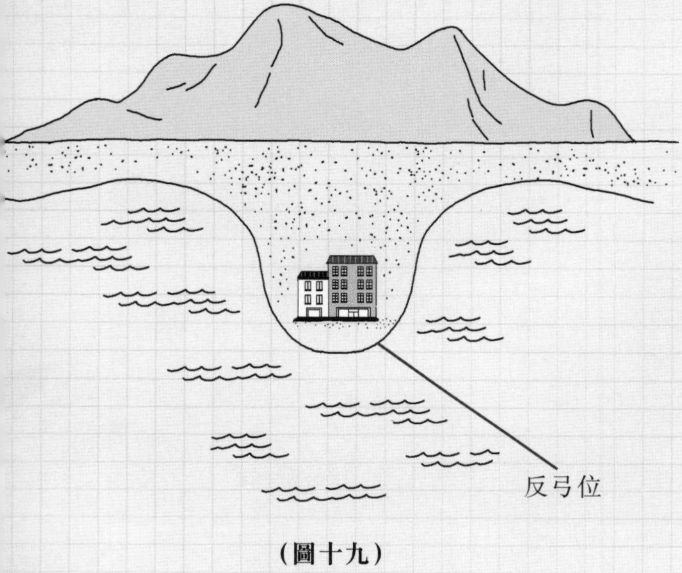

(圖十九)

物業位於山邊

山肥人富，山瘦人飢，高山出人俊偉，矮山出人陰柔；又有「近山者愚，近水者智」之說法。

其實，住近山的人因少有機會接觸外來人，故性格一般比較老實愚魯，而近海的人則有較多機會接觸外來人，多看各地風情，故人較懂得變通與接受新事物，因而機智與狡猾一點。

然而，不論近山或近水，皆要察看山形水勢，才會知道所出之人是愚魯還是老實，機智還是狡猾。

一般而言，風水學將山形分為四種——肥山、瘦山、死山及病山，下釋述之。

肥山

肥山

肥而矮，樹木茂密且行走緩慢的山為肥山，一般主人丁旺盛，生活富足，出人個性老實。

瘦山

怪石嶙峋，草木不茂盛，主出人粗魯，住在附近的人之人緣不佳，身體差，且犯罪率亦相對較高，整體生活不算富裕。

瘦山

死山

像黃泥一樣乾旱且寸草不生的叫「死山」，主人口不會豐盛與富裕，且當地並無經濟可言。

香港只有肥山、瘦山、病山而沒有死山，又死山一般在高山、內陸或乾旱地區才會見到。

病山

像香港的獅子山、屯門公路、小欖一帶都算是病山。

如居所太過貼近病山，主屋內男性工作勞勞碌碌，營營役役，但勞力付出了，收入很多時卻不成正比例；女性則身體欠佳，尤其不利皮膚及泌尿系統；至於少年就愚魯，不聽教，易成少年罪犯，夫妻亦較難和諧共處，有失人和。

有時候山勢即使是「龍肥脈壯」，也會因其地之天然或人為因素而使之變成病山，如大火、天雨將山沖毀而令黃泥外露，又或者人為破壞等。事實上，在損毀時期已會影響到居住在附近一帶的人之身體與感情。

總而言之，近山者山要圓滿，草木茂盛，山勢緩急反而影響不大，因緩者性慢，急者性急而已。

物業位於路旁

鄉郊看山，城市看路，此乃一定之理，尤其是居住在城市裏，一般都是見路多於見水，而海、河、井、溪為明水，路則為暗水，只是沒有清濁之分而已，惟路與水一樣分緩急、曲直、闊窄。

緩急

大路多車而車速快為急，路小車慢為緩，緩者影響不大，急而近者則構成大影響，這等如路沖（在《風生水起（巒頭篇）》經已詳述），但沖者要車速帶動氣流沖入屋內才有壞影響，主宅中人容易損傷，吵架不和，惟在路面六樓以上，由於其氣已慢或無，故並無影響。

簡單而言，不論是貼着天橋直沖、路沖，抑或屋苑中的小路直沖入屋、鐵路上蓋直沖入屋，其看法皆無異。

住宅臨車路而建，會被車速所帶動的氣流所沖，形成煞氣。

曲直

路與水一樣，曲則有情，直則無情。

曲的路如吐路港公路、屯門公路等，如在六樓以上的窗外望見，則有利讀書、學習、考試，即使是極高層單位，亦能收到「九曲來水，位至三公」之利（見圖二十）。

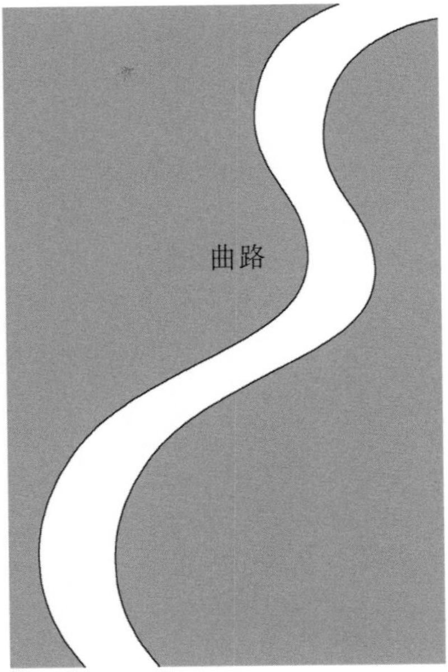

（圖二十）

但若然在六樓以下望見且貼近，便唯恐沖氣過急，宜在窗前放數盆植物以減緩其氣。

至於直的天橋，則非紅磡到九龍城及港島清風街這兩條路莫屬。

相較之下，清風街還好，因為路短，車速不快，煞氣不重，但如住在直路兩旁、單位位置剛好在橋面或以上三數層者就難免煞氣較重，宜多放植物於窗旁擋煞（見圖廿一）。

(圖廿一)

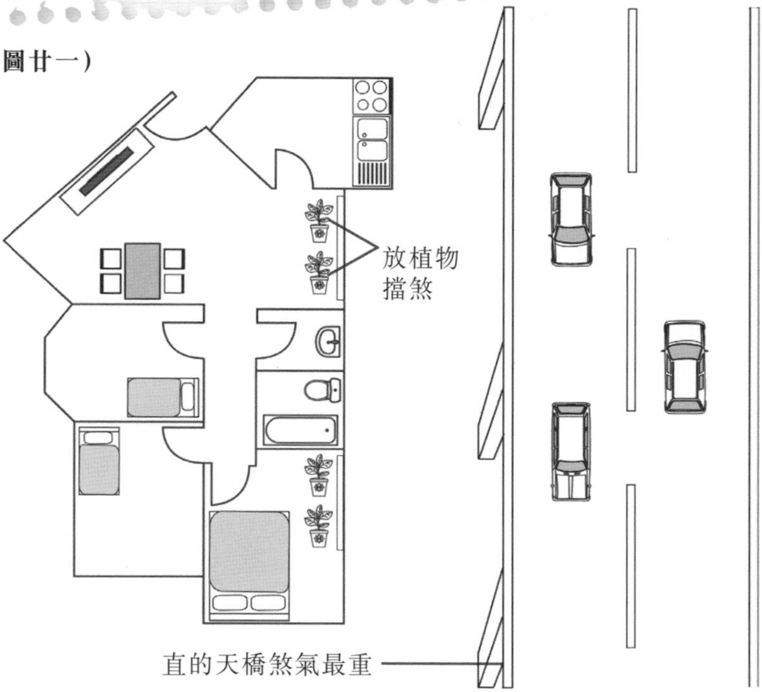

植物擋煞，泥種或水種盆栽都可。

其他直路如香港彌敦道或任何城市地區的市內幹道，因有交通燈之關係，車速都不會太急，煞氣亦不會太重，即使如丁字路、十字路，一般只要在三樓或以上，煞氣都會散掉，影響不大（見圖廿二）。

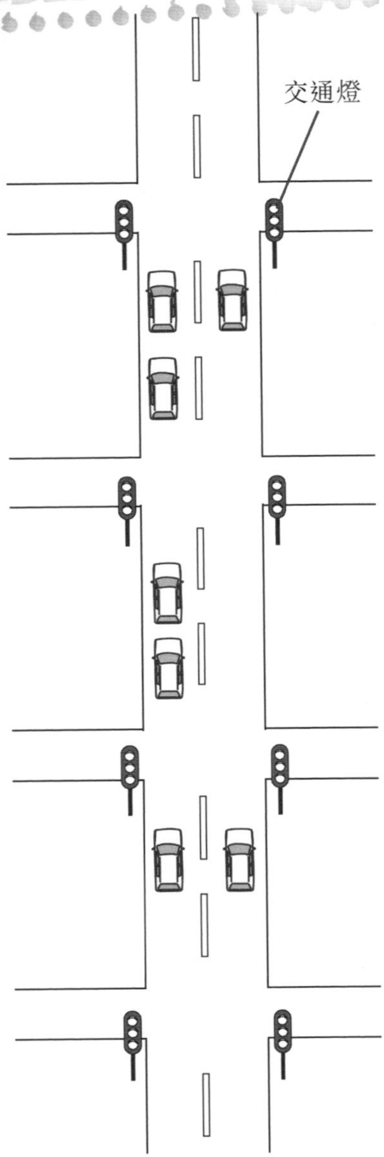

（圖廿二）城市幹道，一般有交通燈阻隔，車速普遍不高，煞氣因而較弱。

交通燈能減慢車速，緩減煞氣，彌敦道便是一例。

至於十字路口路沖，煞氣一般其實只及二三樓而已，因車速不急，煞氣亦較弱，故即使物業在三樓以下，只要在窗前放三兩盆植物遮擋已經足夠（見圖廿三）。

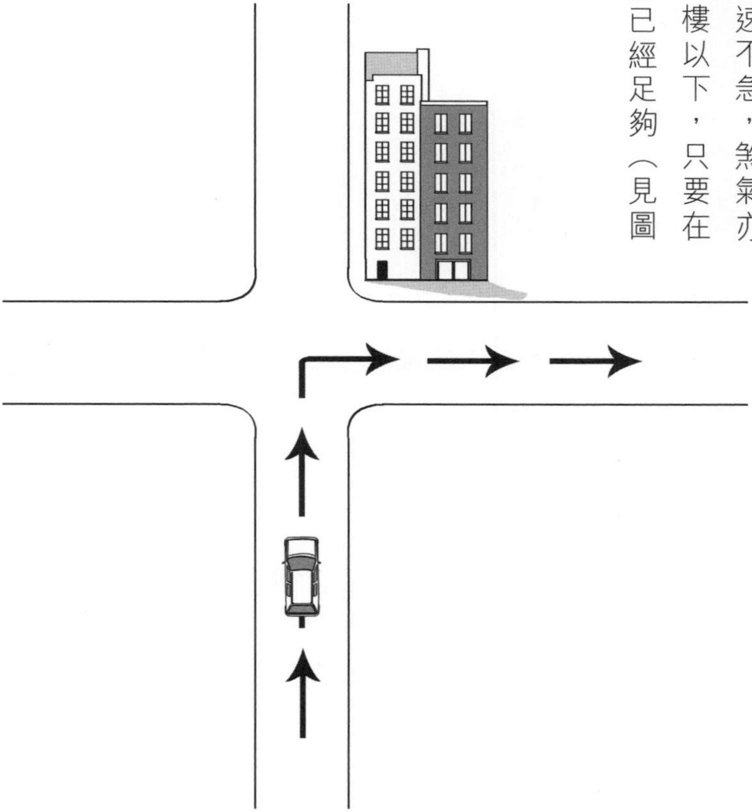

（圖廿三）十字路沖

然而，由於丁字路之煞氣較十字路猛，如放植物仍不能擋煞的話，可在窗外貼反光紙或放凸鏡（見圖廿四）。

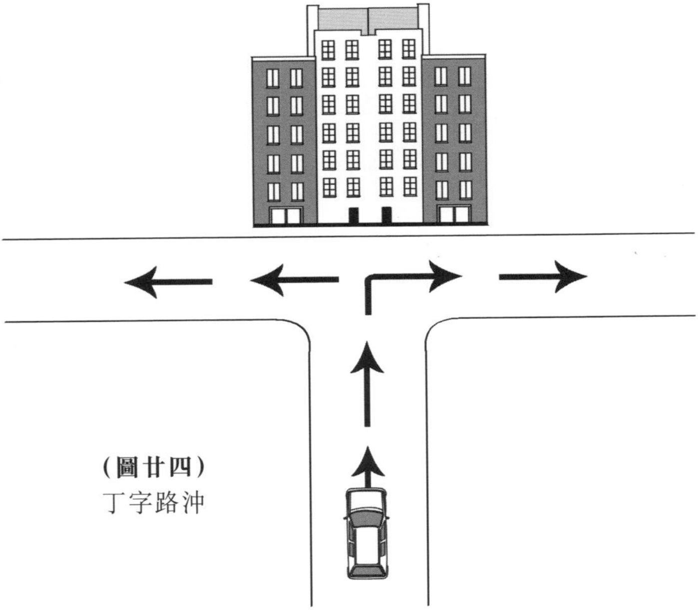

(圖廿四)
丁字路沖

鐮刀、環抱

路呈弧形抱着自己的居所，且路貼近、車速快為鐮刀；路不貼，車速慢又或者居所在六樓以上則必為環抱（見圖廿五）。

鐮刀為煞氣，主宅中人易受損傷，宜在窗前多放植物或一塊磨刀石以擋煞。

相反，環抱為有情，主宅中人易得貴人攜顧，做起事來會較為順利。居於此宅者如在旺運中固然勢如破竹，即使遭逢逆運亦較易退守。

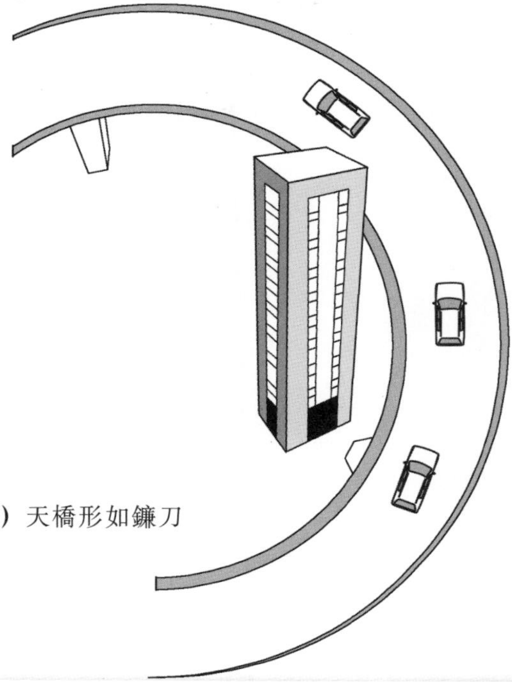

（圖廿五）天橋形如鐮刀

弧形天橋既可以是鐮刀，亦可以是環抱，主要視乎天橋與宅之距離及車速之緩急。

路沖入屋

現代建築物千奇百怪，任何狀況都有可能出現，例如路沖入屋。

事實上，有些情況無論如何都無法想像，但此等建築在香港比比皆是，像天橋穿入建築物後再穿出、住在火車站上蓋火車穿入建築物之底部，又或者屋苑的車路就在自己居住的單位以下，凡此種種都算是路沖入屋，又這等煞氣較丁字路更嚴重。如再加上車速快、單位又在低層的話，便要出盡法寶方能把煞氣消弭（見圖廿六至廿八）。

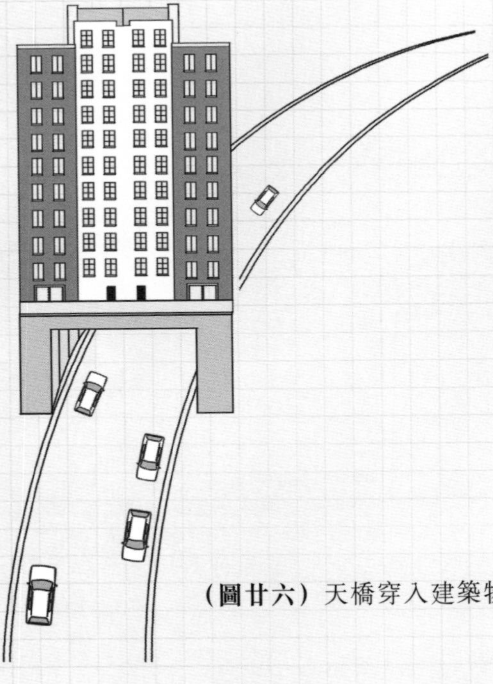

(圖廿六) 天橋穿入建築物後再穿出

（圖廿七）屋苑的車路穿過住宅大廈

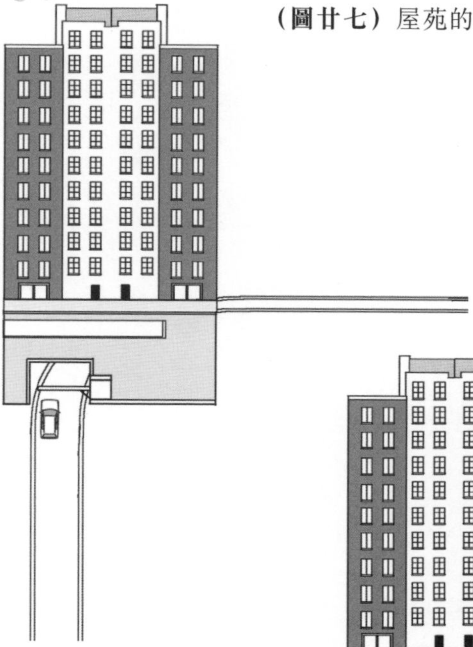

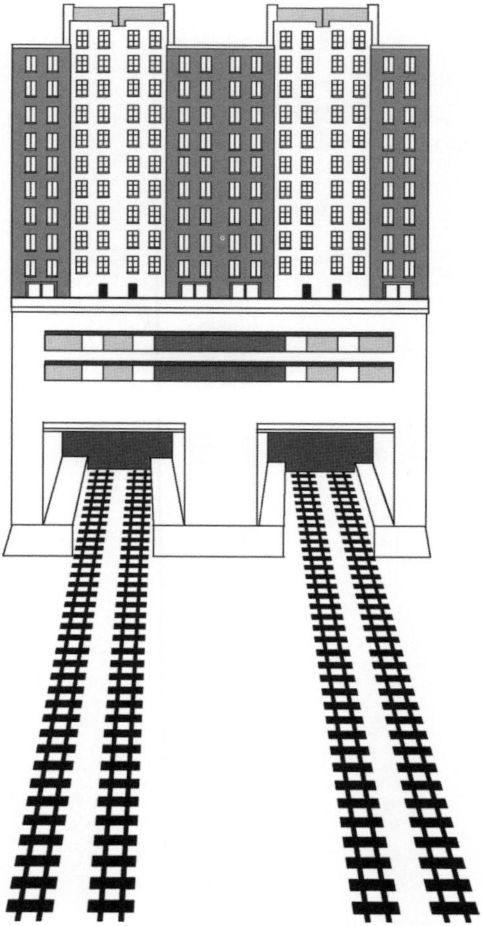

（圖廿八）
火車路軌穿過住宅底部

路沖入屋，要化煞擋煞

要化解路沖入屋的煞氣，可用植物、凸鏡、水等物件；但如路似蛇、似蟲的話，可以放一隻鷹形物件去鬥；如最後都鬥不贏，就要用餘下一着——走為上策。

以水來擋煞，用水喉水即可。

物業位於護土牆旁邊

城市中的物業很多是依山而建的，而地小人多的地方，更會開山平整地皮，把一邊山削掉，這樣向山的矮層單位，便會見到護土牆，而一般舊式的護土牆皆巖巉醜陋，毫無修飾。

如窗口外正對護土牆，必然影響宅中人的身體與感情，又身體方面以皮膚影響最大。

補救之法，就是在窗邊多種植物，若然效果不理想，便要再於窗外貼反光玻璃紙去遮擋。

護土牆外形巉巉，屬外局帶煞。

由護土牆而來的煞氣無法化解，只能「遮」或「擋」。

物業位於垃圾站旁

不管物業位於垃圾站旁，抑或住在矮層單位見到垃圾站，這些都不屬於風水煞氣，反而從衛生層面去論斷，嗅到難聞氣味會令人心情不快，且容易滋生細菌。

補救之法，是唯有盡量少開窗，然後在屋內放除嗅、淨味、殺菌的空氣淨化器。

第四步 看屋運

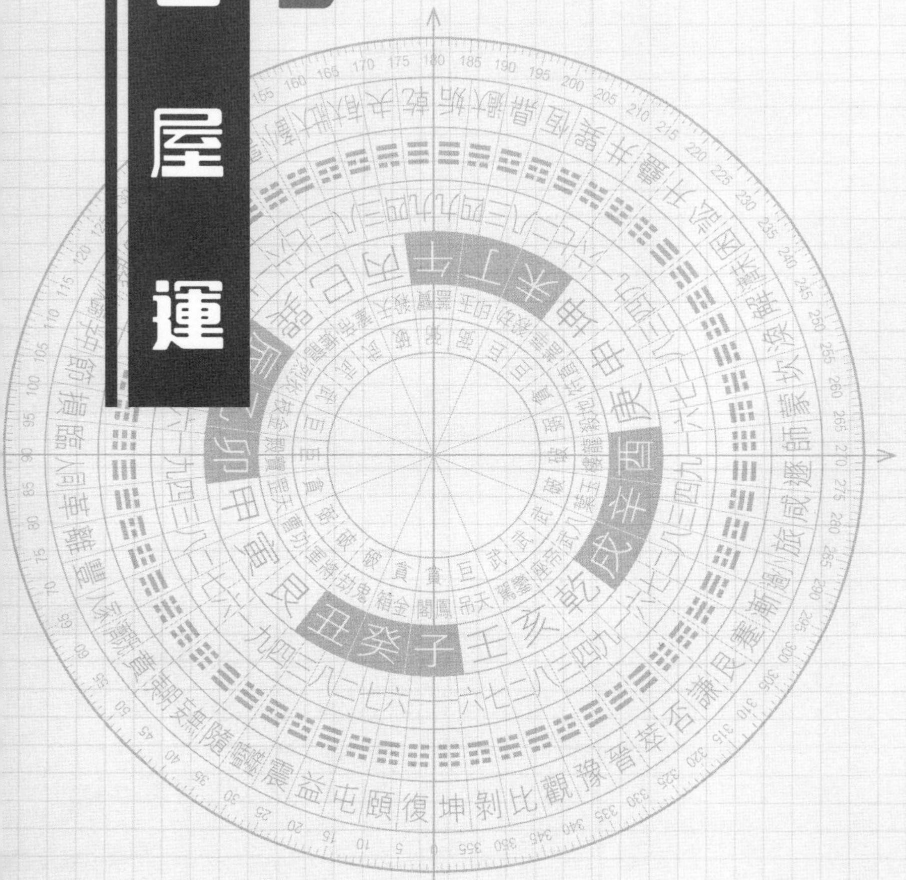

第四步 看屋運

屋運當以三元九運飛星法去判斷，而屋運主要分成四組——

（一）旺財旺丁；

（二）旺財不旺丁；

（三）旺丁不旺財；

（四）損財傷丁。

（一）旺財旺丁局

旺財旺丁局值九十分，一半利身體人緣，一半利錢財，不論做生意或收入穩定的上班族都適宜居住，尤以一家大小、有老有嫩的家庭為甚。

簡而言之，人口眾多者最適宜選擇旺財旺丁及旺丁不旺財的房子。

（二）旺財不旺丁局

旺財不旺丁局值七十五分，全是對財運所給之分數，對身體並無幫助，適合年青、收入不穩、自僱及從商人士居住，於財源有利。

至於身體方面，則可佈一個旺身體局以加至八十分。

（三）旺丁不旺財局

旺丁不旺財局值五十分，全是對身體、人緣、人際關係的分數，適合上班收入穩定一族、從事公職或退休人士居住。

財運方面，可佈催財局，令整體格局加至七十分。

（四）損財傷丁局

損財傷丁局不但無分，還要倒扣，因為此局對身體與財運皆無幫助，不宜久居。

然而，萬一已經入住，上班一族可佈一個特別旺身體局，從而令分數變成零分，不用負分；而收入不穩定的自僱從商者則要細看風水流年，如遇上入財流年還可以住下去，但遇上漏財年就最好走為上策。

地運旺衰方向

知道上述四種不同的格局後，便要進一步尋找每一個地運的不同旺衰方向。

為使讀者容易尋找，現先將每個不同方位的指南針度數列出如下：

正北	壬── 337 1/2 度至 352 1/2 度 子── 352 1/2 度至 7 1/2 度 癸── 7 1/2 度至 22 1/2 度
東北	丑── 22 1/2 度至 37 1/2 度 艮── 37 1/2 度至 52 1/2 度 寅── 52 1/2 度至 67 1/2 度
正東	甲── 67 1/2 度至 82 1/2 度 卯── 82 1/2 度至 97 1/2 度 乙── 97 1/2 度至 112 1/2 度
東南	辰── 112 1/2 度至 127 1/2 度 巽── 127 1/2 度至 142 1/2 度 巳── 142 1/2 度至 157 1/2 度
正南	丙── 157 1/2 度至 172 1/2 度 午── 172 1/2 度至 187 1/2 度 丁── 187 1/2 度至 202 1/2 度
西南	未── 202 1/2 度至 217 1/2 度 坤── 217 1/2 度至 232 1/2 度 申── 232 1/2 度至 247 1/2 度
正西	庚── 247 1/2 度至 262 1/2 度 酉── 262 1/2 度至 277 1/2 度 辛── 277 1/2 度至 292 1/2 度
西北	戌── 292 1/2 度至 307 1/2 度 乾── 307 1/2 度至 322 1/2 度 亥── 322 1/2 度至 337 1/2 度

上元	一運——一白水 （二〇四四年至二〇六三年） 二運——二黑土 （二〇六四年至二〇八三年） 三運——三碧木 （二〇八四年至二一〇三年）
中元	四運——四綠木 （一九二四年至一九四三年） 五運——五黃土 （一九四四年至一九六三年） 六運——六白金 （一九六四年至一九八三年）
下元	七運——七赤金 （一九八四年至二〇〇三年） 八運——八白土 （二〇〇四年至二〇二三年） 九運——九紫火 （二〇二四年至二〇四三年）

一至九運吉凶方向

找到大門方位以後，便可按每一運飛星的不同方向去找尋適合自己的房子，為使讀者易於尋找，現將一運至九運不同坐向的飛星列出如下：

註：山即坐方，為向門大門向出方向。

四運（一九二四年至一九四三年）——二十四山，山向飛星

子山午向——雙星到山，旺丁不旺財局
癸山丁向——雙星到山，旺丁不旺財局
丑山未向——上山下水，損財傷丁局
艮山坤向——旺山旺向，旺財旺丁局
寅山申向——旺山旺向，旺財旺丁局
甲山庚向——旺山旺向，旺財旺丁局

卯山酉向——上山下水，損財傷丁局
乙山辛向——上山下水，損財傷丁局
辰山戌向——雙星到向，旺財不旺丁局
巽山乾向——雙星到山，旺丁不旺財局
巳山亥向——雙星到山，旺丁不旺財局
丙山壬向——雙星到山，旺丁不旺財局
午山子向——雙星到向，旺財不旺丁局
丁山癸向——雙星到向，旺財不旺丁局
未山丑向——上山下水，損財傷丁局
坤山艮向——旺山旺向，旺財旺丁局
申山寅向——旺山旺向，旺財旺丁局
庚山甲向——旺山旺向，旺財旺丁局

酉山卯向——上山下水，損財傷丁局
辛山乙向——上山下水，損財傷丁局
戌山辰向——雙星到山，旺丁不旺財局
乾山巽向——雙星到向，旺財不旺丁局
亥山巳向——雙星到向，旺財不旺丁局
壬山丙向——雙星到向，旺財不旺丁局

五運（一九四四年至一九六三年）——二十四山，山向飛星

子山午向——旺山旺向，旺財旺丁局
癸山丁向——旺山旺向，旺財旺丁局
丑山未向——旺山旺向，旺財旺丁局
艮山坤向——上山下水，損財傷丁局

寅山申向——上山下水，損財傷丁局
甲山庚向——上山下水，損財傷丁局
卯山酉向——旺山旺向，旺財旺丁局
乙山辛向——旺山旺向，旺財旺丁局
辰山戌向——旺山旺向，旺財旺丁局
巽山乾向——上山下水，損財傷丁局
巳山亥向——上山下水，損財傷丁局
丙山壬向——上山下水，損財傷丁局
午山子向——旺山旺向，旺財旺丁局
丁山癸向——旺山旺向，旺財旺丁局
未山丑向——旺山旺向，旺財旺丁局
坤山艮向——上山下水，損財傷丁局

申山寅向——上山下水，損財傷丁局

庚山甲向——上山下水，損財傷丁局

酉山卯向——旺山旺向，旺財旺丁局

辛山乙向——旺山旺向，旺財旺丁局

戌山辰向——旺山旺向，旺財旺丁局

乾山巽向——上山下水，損財傷丁局

亥山巳向——上山下水，損財傷丁局

壬山丙向——上山下水，損財傷丁局

六運（一九六四年至一九八三年）——二十四山，山向飛星

子山午向——雙星到向，旺財不旺丁局

癸山丁向——雙星到向，旺財不旺丁局

丑山未向——上山下水，損財傷丁局
艮山坤向——旺山旺向，旺財旺丁局
寅山申向——旺山旺向，旺財旺丁局
甲山庚向——旺山旺向，旺財旺丁局
卯山酉向——上山下水，損財傷丁局
乙山辛向——上山下水，損財傷丁局
辰山戌向——雙星到山，旺丁不旺財局
巽山乾向——雙星到向，旺財不旺丁局
巳山亥向——雙星到向，旺財不旺丁局
丙山壬向——雙星到向，旺財不旺丁局
午山子向——雙星到山，旺丁不旺財局
丁山癸向——雙星到山，旺丁不旺財局

未山丑向——上山下水，損財傷丁局

坤山艮向——旺山旺向，旺財旺丁局

申山寅向——旺山旺向，旺財旺丁局

庚山甲向——旺山旺向，旺財旺丁局

酉山卯向——上山下水，損財傷丁局

辛山乙向——上山下水，損財傷丁局

戌山辰向——雙星到向，旺財不旺丁局

乾山巽向——雙星到山，旺丁不旺財局

亥山巳向——雙星到山，旺丁不旺財局

壬山丙向——雙星到山，旺丁不旺財局

七運（一九八四年至二〇〇三年）——二十四山，山向飛星

子山午向——雙星到山，旺丁不旺財局

癸山丁向——雙星到山，旺丁不旺財局

丑山未向——雙星到向，旺財不旺丁局

艮山坤向——雙星到山，旺丁不旺財局

寅山申向——雙星到山，旺丁不旺財局

甲山庚向——上山下水，損財傷丁局

卯山酉向——旺山旺向，旺財旺丁局

乙山辛向——旺山旺向，旺財旺丁局

辰山戌向——旺山旺向，旺財旺丁局

巽山乾向——上山下水，損財傷丁局

巳山亥向——上山下水，損財傷丁局

丙山壬向——雙星到山，旺丁不旺財局
午山子向——雙星到向，旺財不旺丁局
丁山癸向——雙星到向，旺財不旺丁局
未山丑向——雙星到山，旺丁不旺財局
坤山艮向——雙星到向，旺財不旺丁局
申山寅向——雙星到向，旺財不旺丁局
庚山甲向——上山下水，損財傷丁局
酉山卯向——旺山旺向，旺財旺丁局
辛山乙向——旺山旺向，旺財旺丁局
戌山辰向——旺山旺向，旺財旺丁局
乾山巽向——上山下水，損財傷丁局
亥山巳向——上山下水，損財傷丁局

壬山丙向——雙星到向，旺財不旺丁局

八運（二〇〇四年至二〇二三年）——二十四山，山向飛星

子山午向——雙星到向，旺財不旺丁局
癸山丁向——雙星到向，旺財不旺丁局
丑山未向——旺山旺向，旺財旺丁局
艮山坤向——上山下水，損財傷丁局
寅山申向——上山下水，損財傷丁局
甲山庚向——雙星到山，旺丁不旺財局
卯山酉向——雙星到向，旺財不旺丁局
乙山辛向——雙星到向，旺財不旺丁局
辰山戌向——上山下水，損財傷丁局

巽山乾向——旺山旺向，旺財旺丁局
巳山亥向——旺山旺向，旺財旺丁局
丙山壬向——雙星到向，旺財不旺丁局
午山子向——雙星到山，旺丁不旺財局
丁山癸向——雙星到山，旺丁不旺財局
未山丑向——旺山旺向，旺財旺丁局
坤山艮向——上山下水，損財傷丁局
申山寅向——上山下水，損財傷丁局
庚山甲向——雙星到向，旺財不旺丁局
酉山卯向——雙星到山，旺丁不旺財局
辛山乙向——雙星到山，旺丁不旺財局
戌山辰向——上山下水，損財傷丁局

乾山巽向——旺山旺向，旺財旺丁局
亥山巳向——旺山旺向，旺財旺丁局
壬山丙向——雙星到山，旺丁不旺財局

九運（二〇二四年至二〇四三年）——二十四山，山向飛星

子山午向——雙星到山，旺丁不旺財局
癸山丁向——雙星到山，旺丁不旺財局
丑山未向——雙星到向，旺財不旺丁局
艮山坤向——雙星到山，旺丁不旺財局
寅山申向——雙星到山，旺丁不旺財局
甲山庚向——雙星到向，旺財不旺丁局
卯山酉向——雙星到山，旺丁不旺財局

乙山辛向——雙星到山，旺丁不旺財局
辰山戌向——雙星到山，旺丁不旺財局
巽山乾向——雙星到向，旺財不旺丁局
巳山亥向——雙星到向，旺財不旺丁局
丙山壬向——雙星到山，旺丁不旺財局
午山子向——雙星到向，旺財不旺丁局
丁山癸向——雙星到向，旺財不旺丁局
未山丑向——雙星到山，旺丁不旺財局
坤山艮向——雙星到向，旺財不旺丁局
申山寅向——雙星到向，旺財不旺丁局
庚山甲向——雙星到山，旺丁不旺財局
酉山卯向——雙星到向，旺財不旺丁局

辛山乙向——雙星到向，旺財不旺丁局
戌山辰向——雙星到向，旺財不旺丁局
乾山巽向——雙星到山，旺丁不旺財局
亥山巳向——雙星到山，旺丁不旺財局
壬山丙向——雙星到向，旺財不旺丁局

一運（二〇四四年至二〇六三年）——二十四山，山向飛星

子山午向——雙星到向，旺財不旺丁局
癸山丁向——雙星到向，旺財不旺丁局
丑山未向——雙星到山，旺丁不旺財局
艮山坤向——雙星到向，旺財不旺丁局
寅山申向——雙星到向，旺財不旺丁局

甲山庚向——雙星到山，旺丁不旺財局
卯山酉向——雙星到向，旺財不旺丁局
乙山辛向——雙星到向，旺財不旺丁局
辰山戌向——雙星到向，旺財不旺丁局
巽山乾向——雙星到山，旺丁不旺財局
巳山亥向——雙星到山，旺丁不旺財局
丙山壬向——雙星到向，旺財不旺丁局
午山子向——雙星到山，旺丁不旺財局
丁山癸向——雙星到山，旺丁不旺財局
未山丑向——雙星到向，旺財不旺丁局
坤山艮向——雙星到山，旺丁不旺財局
申山寅向——雙星到山，旺丁不旺財局

庚山甲向——雙星到向，旺財不旺丁局
酉山卯向——雙星到山，旺丁不旺財局
辛山乙向——雙星到山，旺丁不旺財局
戌山辰向——雙星到山，旺丁不旺財局
乾山巽向——雙星到向，旺財不旺丁局
亥山巳向——雙星到向，旺財不旺丁局
壬山丙向——雙星到山，旺丁不旺財局

二運（二〇六四年至二〇八三年）——二十四山，山向飛星

子山午向——雙星到山，旺丁不旺財局
癸山丁向——雙星到山，旺丁不旺財局
丑山未向——旺山旺向，旺財旺丁局

艮山坤向——上山下水，損財傷丁局
寅山申向——上山下水，損財傷丁局
甲山庚向——雙星到向，旺財不旺丁局
卯山酉向——雙星到山，旺丁不旺財局
乙山辛向——雙星到山，旺丁不旺財局
辰山戌向——上山下水，損財傷丁局
巽山乾向——旺山旺向，旺財旺丁局
巳山亥向——旺山旺向，旺財旺丁局
丙山壬向——雙星到山，旺丁不旺財局
午山子向——雙星到向，旺財不旺丁局
丁山癸向——雙星到向，旺財不旺丁局
未山丑向——旺山旺向，旺財旺丁局

坤山艮向——上山下水，損財傷丁局
申山寅向——上山下水，損財傷丁局
庚山甲向——雙星到山，旺丁不旺財局
酉山卯向——雙星到向，旺財不旺丁局
辛山乙向——雙星到向，旺財不旺丁局
戌山辰向——上山下水，損財傷丁局
乾山巽向——旺山旺向，旺財旺丁局
亥山巳向——旺山旺向，旺財旺丁局
壬山丙向——雙星到向，旺財不旺丁局

三運（二〇八四年至二一〇三年）——二十四山，山向飛星

子山午向——雙星到向，旺財不旺丁局

癸山丁向——雙星到向，旺財不旺丁局
丑山未向——雙星到山，旺丁不旺財局
艮山坤向——雙星到向，旺財不旺丁局
寅山申向——雙星到向，旺財不旺丁局
甲山庚向——上山下水，損財傷丁局
卯山酉向——旺山旺向，旺財旺丁局
乙山辛向——旺山旺向，旺財旺丁局
辰山戌向——旺山旺向，旺財旺丁局
巽山乾向——上山下水，損財傷丁局
巳山亥向——上山下水，損財傷丁局
丙山壬向——雙星到向，旺財不旺丁局
午山子向——雙星到山，旺丁不旺財局

丁山癸向——雙星到山，旺丁不旺財局
未山丑向——雙星到向，旺財不旺丁局
坤山艮向——雙星到山，旺丁不旺財局
申山寅向——雙星到山，旺丁不旺財局
庚山甲向——上山下水，損財傷丁局
酉山卯向——旺山旺向，旺財旺丁局
辛山乙向——旺山旺向，旺財旺丁局
戌山辰向——旺山旺向，旺財旺丁局
乾山巽向——上山下水，損財傷丁局
亥山巳向——上山下水，損財傷丁局
壬山丙向——雙星到山，旺丁不旺財局

需要注意的是，計算地運時並非以樓宇的落成年期去計算，而是以搬進去的年期計算。也就是説，不論樓宇何時落成，皆以你入住的年分去計，如一九六四至一九八三年入住為六運屋、一九八四至二〇〇三年入住為七運屋、二〇〇四至二〇二三年入住為八運屋。

事實上，房屋得以轉地運只有三個因素，第一是轉了業權，第二是換了煮食爐，第三是換了大門，所以各位如果住進一間適合自己的房屋而又不想地運出現改變，那在裝修前便要三思了。

例如，如果你在二〇〇四年後入住了一間旺財旺丁的房子，想一直住到老，那你便要準備在二〇二三年前將要翻新的部分先行加以翻新，尤其是大門及爐灶，這樣即使二〇二四至二〇四三年踏進九運，你的居所依然可以以八運計算而不會自動變成九運屋。另外，即使在二〇二四到二〇四三年這二十年間進行一些小的翻新工程，只要不動到大門與煮食爐，同樣會沒有問題。

第五步

定門向

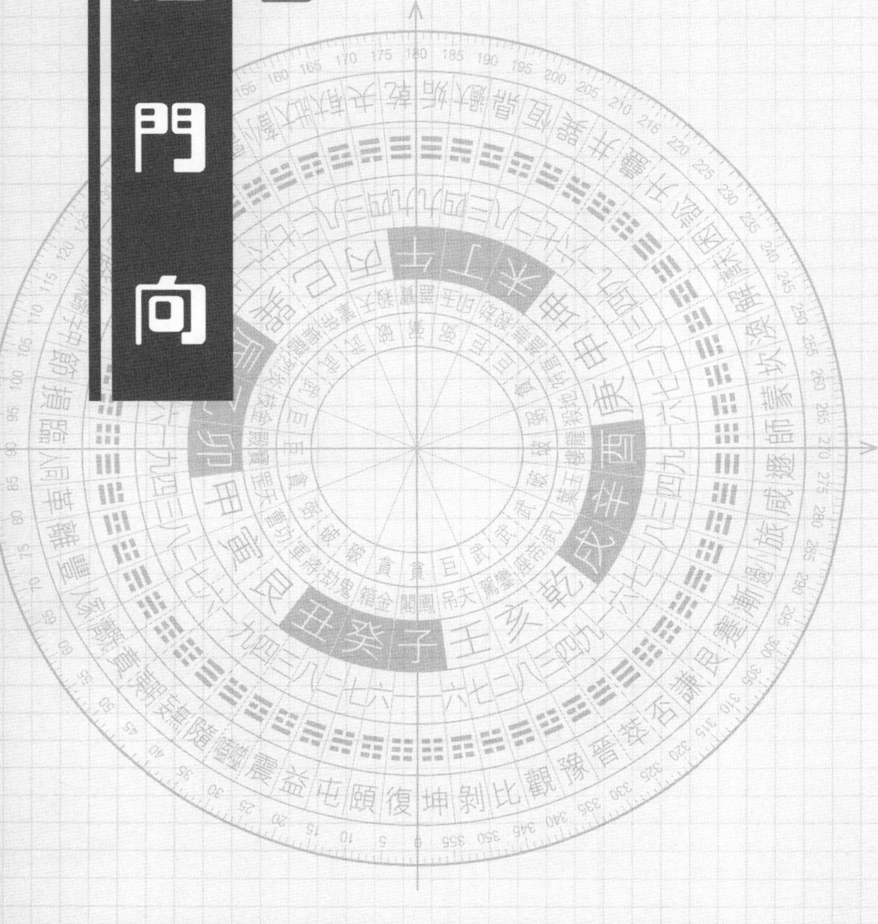

第五步 定門向

現代房屋千變萬化，與中國古時已大為不同——古代房屋一般門窗同向，且很多都會選擇門窗皆向南，取其冬暖夏涼（見圖二十九）。

但現代的大廈式房子，一般門是門，窗是窗，大多方向是不一樣的，窗向南還可取其冬暖夏涼之效，但門向南已變得沒有意思。

近百年來，建築物之形狀千變萬化，已經不是古代的正方形或長方形，又多層式大廈的大門是共用的，裏面可能住上上百戶不同種族、不同姓氏的人，故必要找出一個適合現代房屋的定向方法。

然而，很多老一輩的師傅，已經轉不過來，故有些風水學家以大廈之正門做向，有些以窗做向，有些以採光做向，有些以露台做向，凡此種種，眾說紛紜。

其實，以筆者多年的經驗驗證，早就知道應該以自己進入屋、開門後空氣一同進入的門做向。

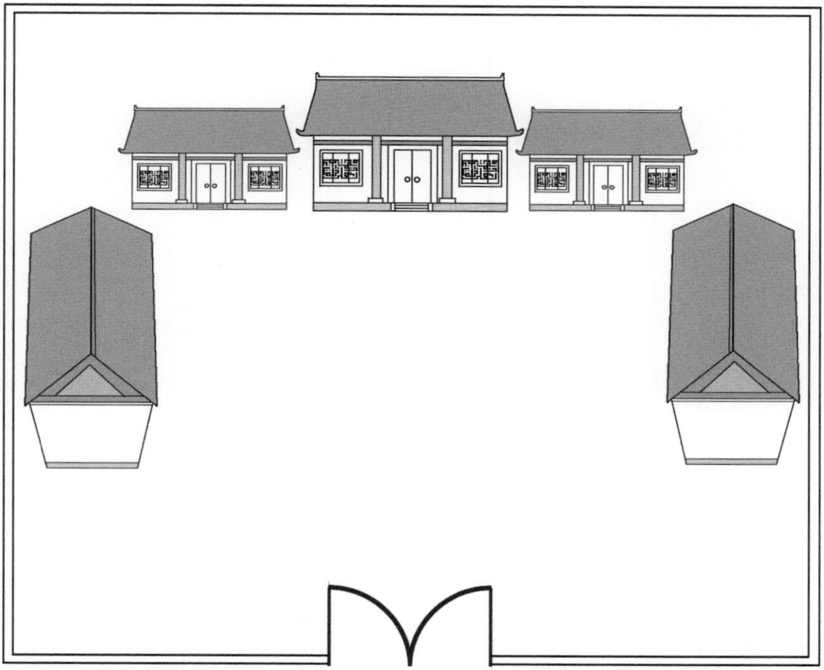

（圖廿九）古代房子，門窗同向。

定門向之例子

別墅式住宅

其實，很多住別墅式房屋的人，大多不會用正門出入，而這現象在美加等寒冬地方尤為常見，因為這些房屋一般是附有車房的，人們很多時會在泊好車後，從車房門入屋，而不會在把車泊在車房後，再冒着大風雪走出車房，然後由大門入屋（見圖三十及三十一）。

事實上，即使是香港，以至東南亞或其他較溫暖的地區，也不會把車泊在車房，然後走出車房再由正門入屋，除非車房沒有進屋之門才會這樣做。所以，正門一般只是客人才會用的。如果是這樣的話，我們會以車房為入屋的方向，也就是變成以車房門為家中的大門，而定一宅之吉凶時，亦以車房門去計算。

（圖三十）

(圖三十一)

村屋

多層村屋如果是一家人居住，除非有內置樓梯，才會以進屋之門做大門方向，又屋內各層的吉凶定位都會以進屋的大門為依歸。

不過，如果該宅有外置樓梯，地下一層有獨立門，二樓三樓從外置樓梯進入後又各有一道大門，這樣便會以每層的獨立大門為門向，與多層式建築物無異。

大廈多層式建築

雖然每個人都是從大廈的入口進入大廈，但因這是大家共用的，所以佔的風水比例可能只是五十分之一或一百分之一。

相反，由於自己居所的大門，只有自己一家人在享用（佔的分數可以說是百分之一百），所以大廈式建築物當以自己居住的單位大門做向（見圖三十二）。

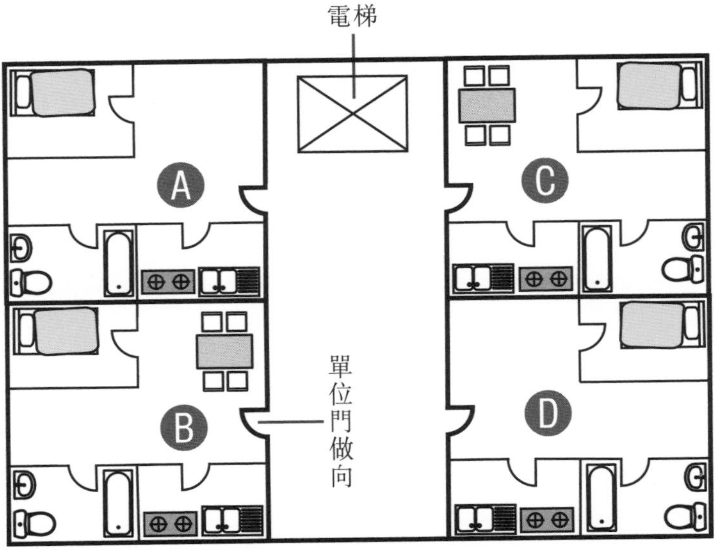

(圖三十二) 樓層共分四戶，各戶坐向不同。

住房

有些人只是租住單位其中一個房間，又這現象在香港是常見的。如果是這樣的話，當以自己居住的房間門做向，因其他人與你均互不相干（見圖三十三）。

簡單而言，居住在各個房間的人，都以自己的房門為大門方向便可。

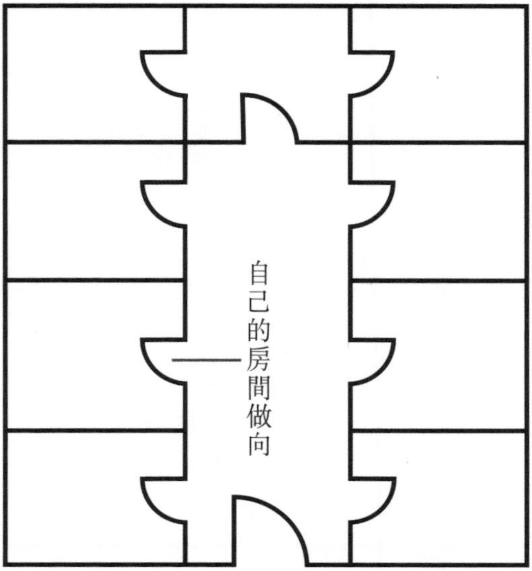

（圖三十三）

特別例子

有些鄉村的住屋會經過一道鐵閘，然後上樓梯，然後再有一扇木門。

由於推門後空氣才進入屋內，所以這種房子仍然以居住單位的木門方向為屋的坐向（見圖三十四）。

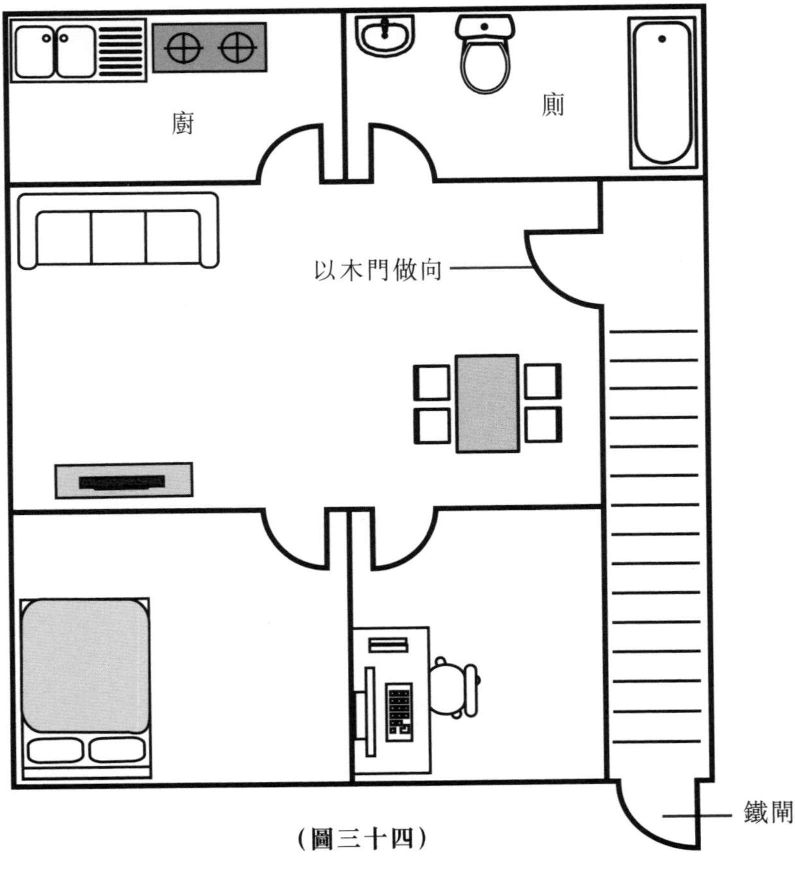

（圖三十四）

舊式行樓梯建築物

其實與大廈看法無異，都是以自己大門為最重要的方向，但因此等大廈可能只有十伙人，故大廈樓梯的入口亦重要。

不過，由於一般大廈門口只用鐵閘，空氣是流通的，所以影響不大，仍以自己居住單位的門向為主，除非大廈入口是用封閉式的木門，才要參考大門的坐向，但即使這樣，亦可能加減只有十分之一的影響而已。

第六步

如何尋找大門方向

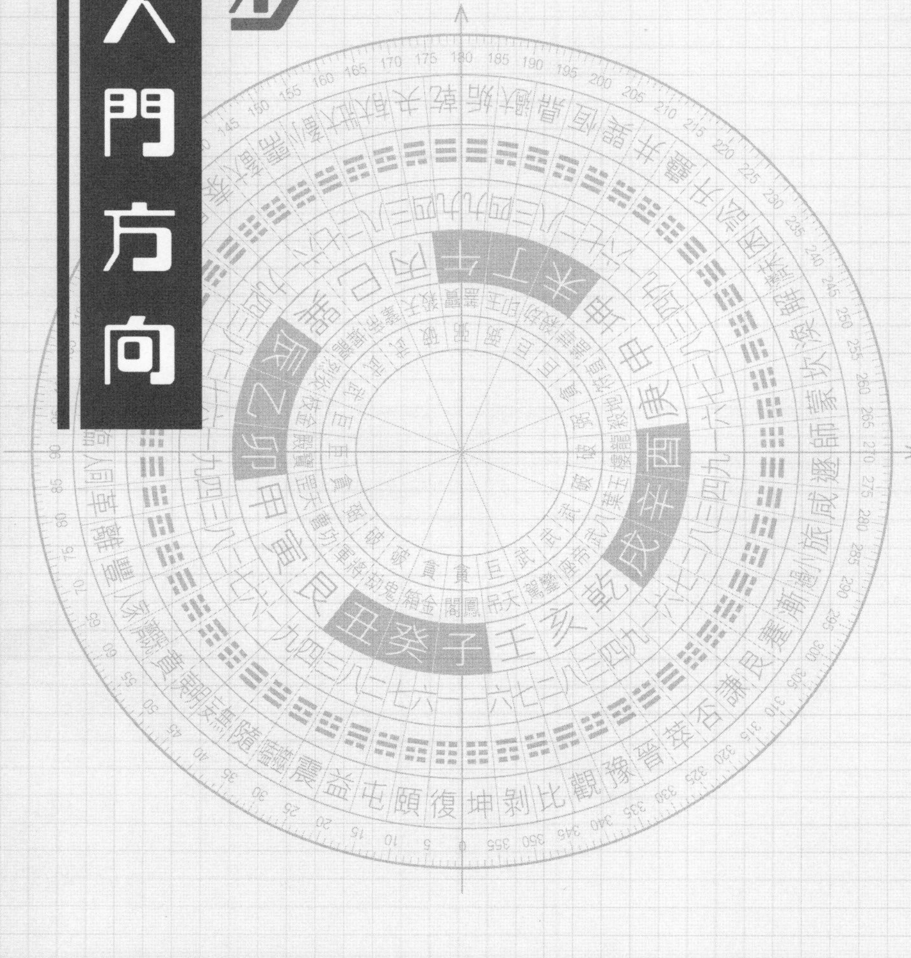

第六步 如何尋找大門方向

知道何謂門向後，便要進一步找出大門方向。

大門方向與大門開在屋的哪一方是不同的，因大門方向是大門平面向前的方向，與大門開在哪一方並無直接關係，現舉大門向東為例。

大門向東

大門向東，門開在正東方

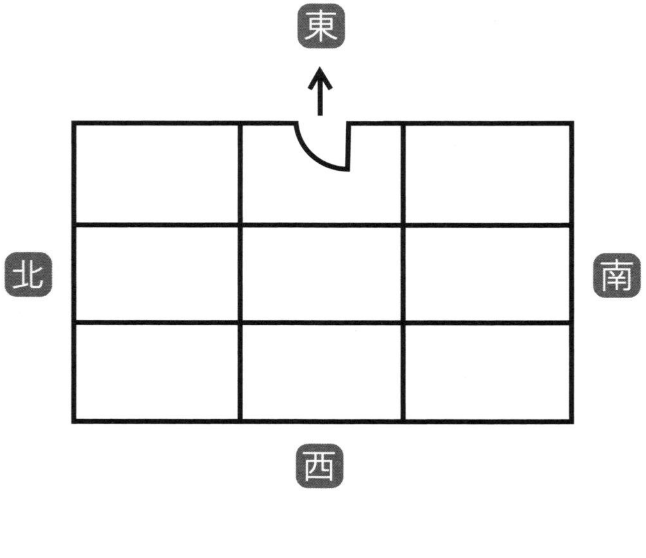

大門向東，門開在東南方

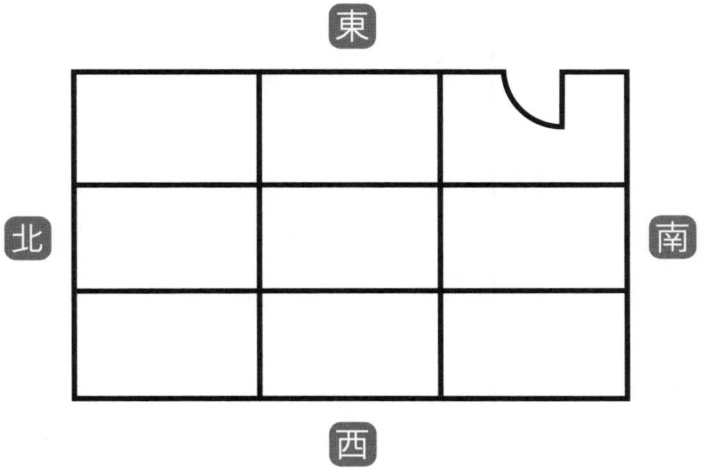

大門向東，門開在正南方

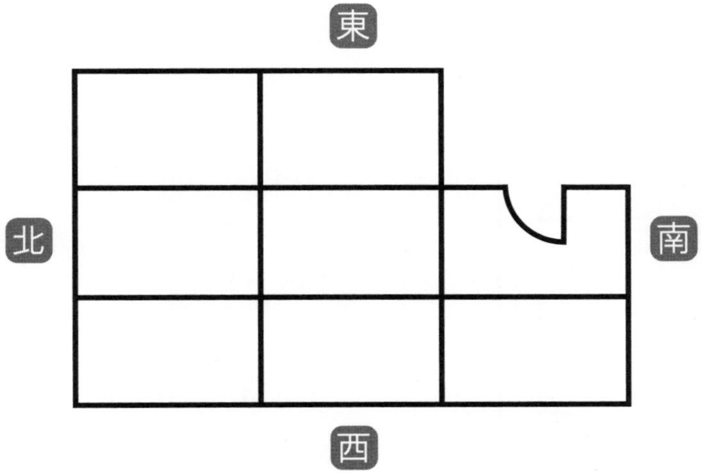

大門向東，門開在西南方

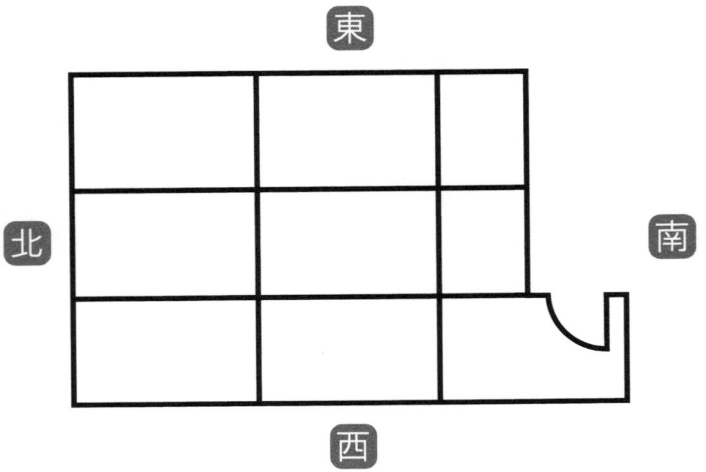

大門向東，門開在正西方

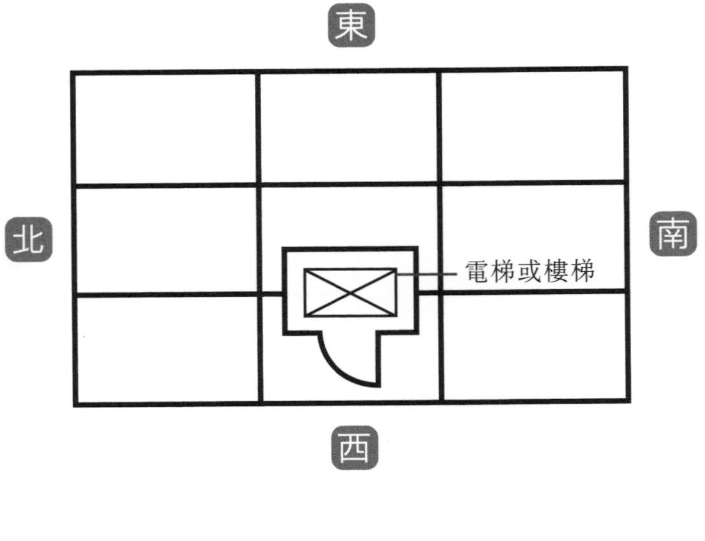

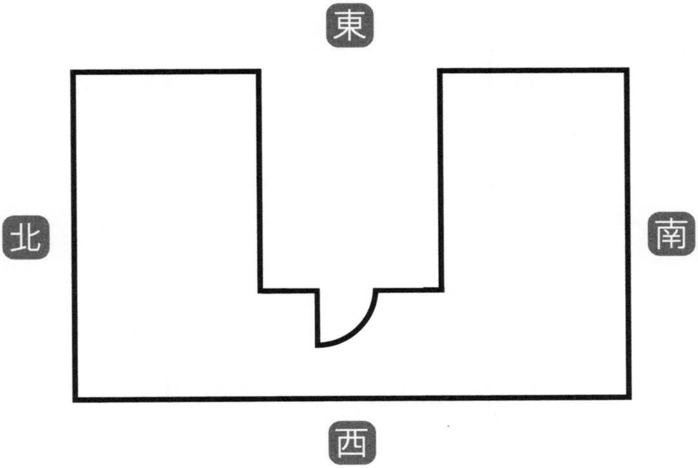

大門向東，門開在西北方

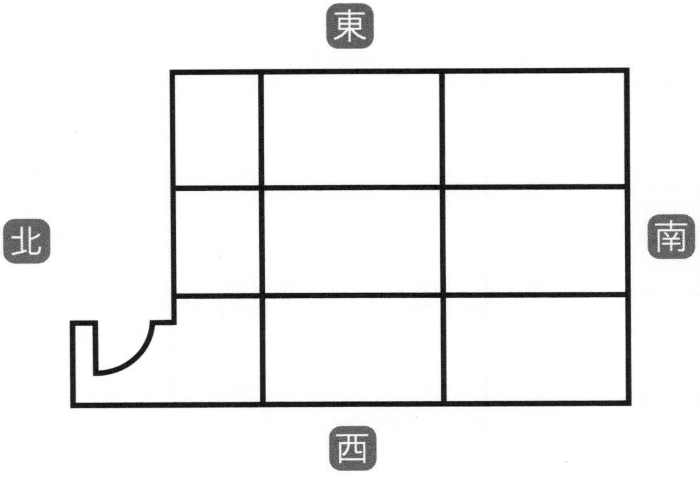

大門向東，門開在正北方

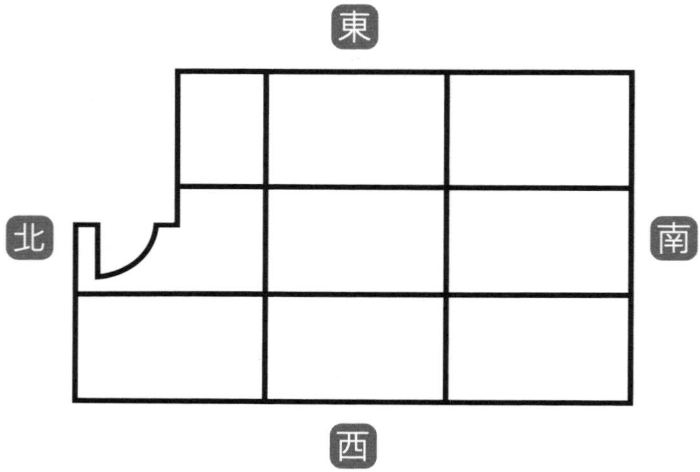

大門向東，門開在東北方

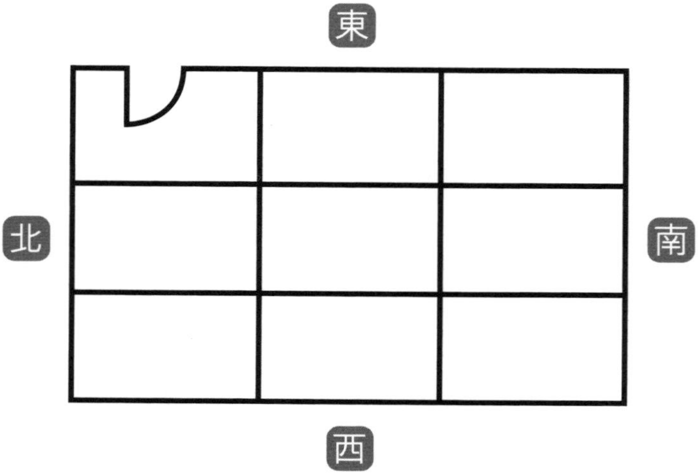

大門向東，門開在中央

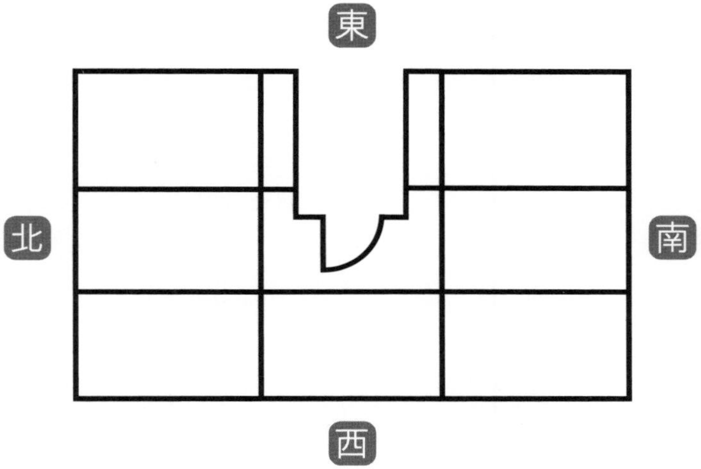

從上述例子可以得知，門開在哪一個方向與大門向哪一個方向是沒有關連的，最重要是找出大門對出是哪一個方向，因為這就是家裏的坐向。

平常我們會用指南針、手提電話，而一般風水師則會運用羅庚去量度大門坐向。

事實上，這對於舊式面積大的樓宇或木建築物還可，但用於現代多層式大廈，尤其是面積在七百呎以下的樓宇是無法量度得準確的，因多層式大廈層數愈低，鋼筋便愈粗，這樣會把指南針牽引往錯誤的方向。

所以，尋找新建築物的坐向時，可改用以下方法——

（一）發展商平面圖所提供的坐標；

（二）如舊建築物找不到平面圖參考，則可用政府的街道圖去測量建築物的總坐向，然後再尋找自己單位的正確大門方向；

（三）亦可使用Google Map鳥瞰自己的建築物所在，從而量度方向，以確保方向的準確性。

門向在陽宅風水上是極其重要的，因量度大門方向如果出了錯的話，一切便已經是徒然了。

尋找大門方向

例一

從圖三十五坐標得出，B、C單位的大門向出是西南方，即大門向西南，也就是坐東北，向西南（即坐艮向坤，八運為損財傷丁，九運為旺丁不旺財）。

A、D單位大門向出為東北方，即坐西南大門向東北（即坐坤向艮，八運為損財傷丁，九運為旺財不旺丁）。

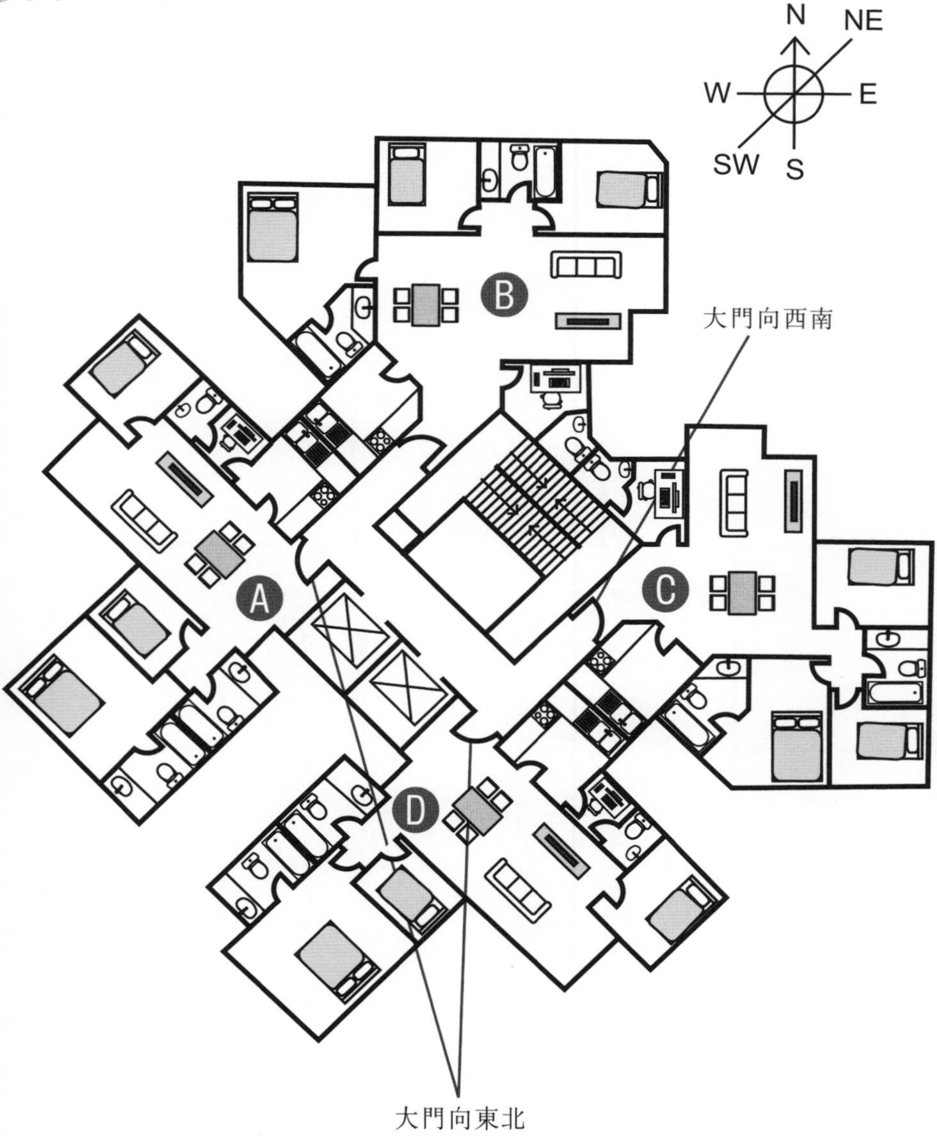

(圖三十五)

例二

從圖三十六坐標得出，下圖四個門向分別是大門向東南、大門向西南、大門向西北、大門向東北。

從二〇〇四至二〇二三年止，大門向東南及西北為旺財旺丁方向；大門向東北及西南為損財傷丁方向。九運大門向東南、大門向西南旺丁。大門向西北、大門向東北旺財。

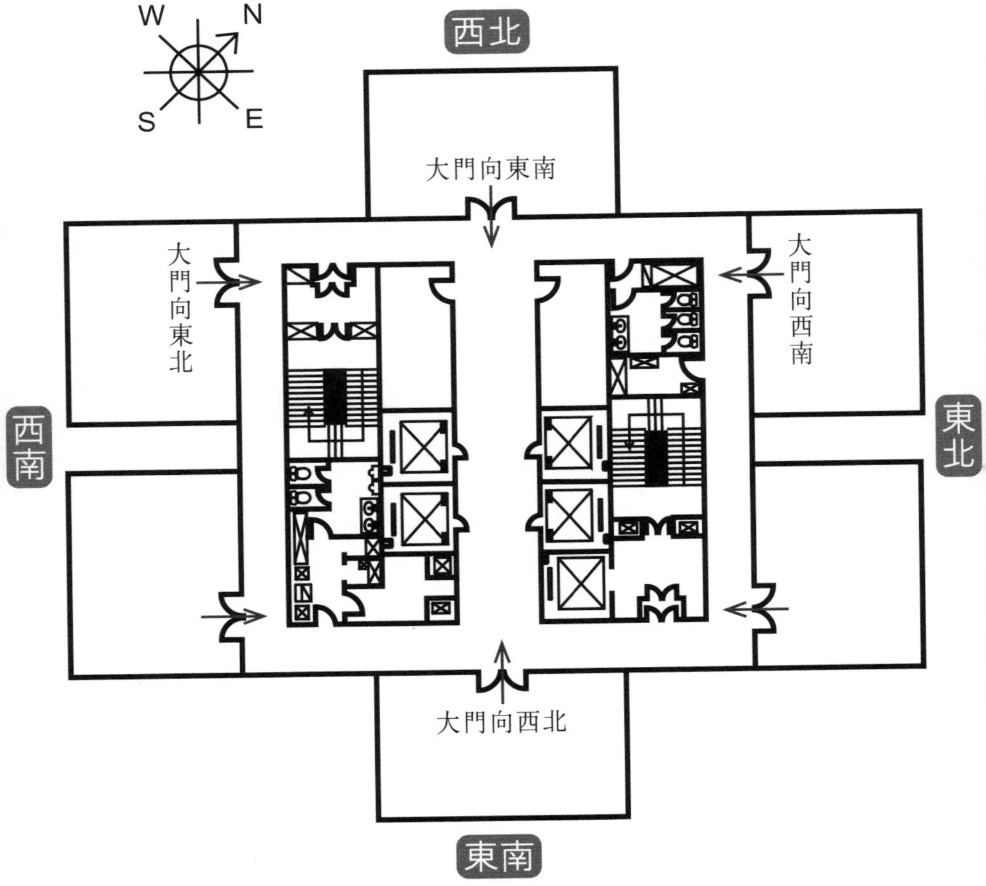

（圖三十六）

例三

從觀察圖三十七的坐標可知，A單位大門向正西，八運二〇〇四至二〇二三年是旺財不旺丁方向；但C與D的角度傾斜了少許，看不到大門到底是向東偏東北抑或向東北偏東。

如向東偏東北，即坐庚向甲，八運為旺財不旺丁方向；如果是東北偏東，即坐申向寅，則八運便成損財損丁方向，可說是差之毫釐，謬之千里。遇上這種情況時，要借助透明羅庚膠片去量度，以減低出錯機會。

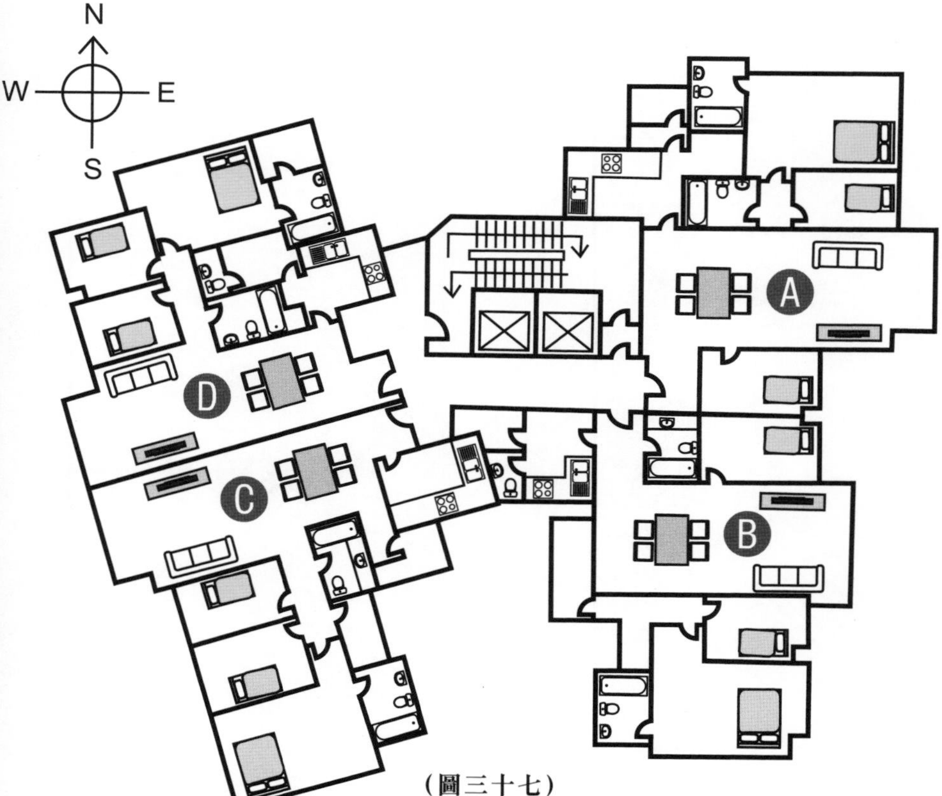

(圖三十七)

例四

從圖三十八的坐標可以看到八個單位其實僅有四個方向，故尋找方向之時只要從坐標之北去計算，就能準確地找到其吉凶位置。

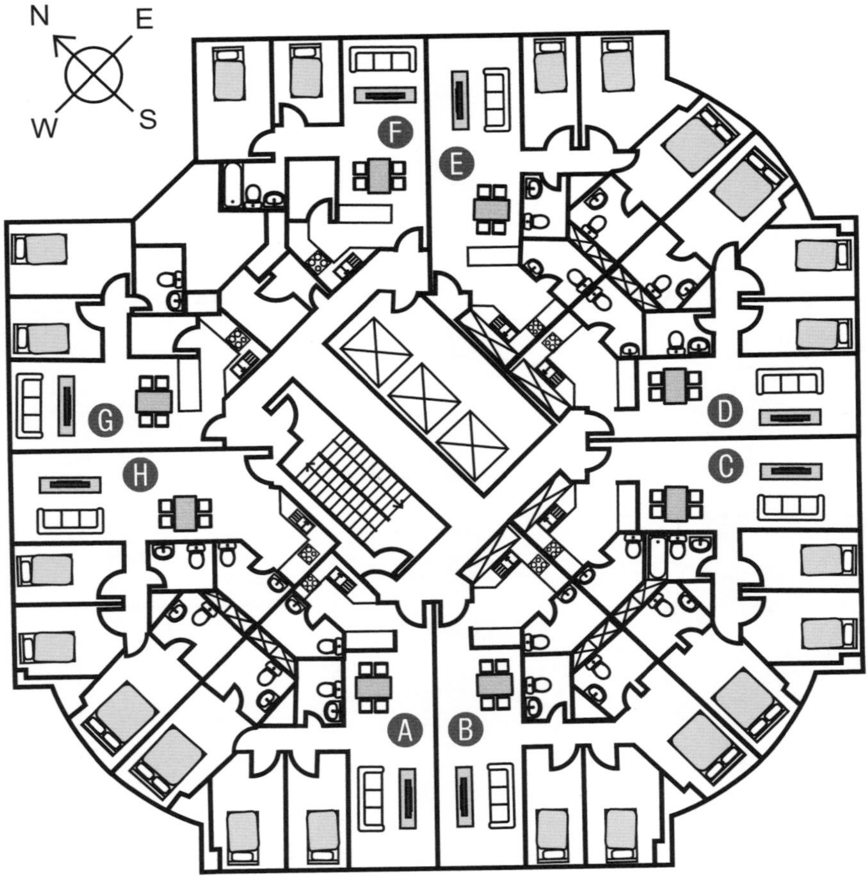

（圖三十八）一層八戶，共有四個不同門向。

例五

有些呈弧形或圓形的建築物，因每個單位的方向都有少許不同，如不借助立極尺去量度，恐怕不容易找到正確的大門方向（見圖三十九）。

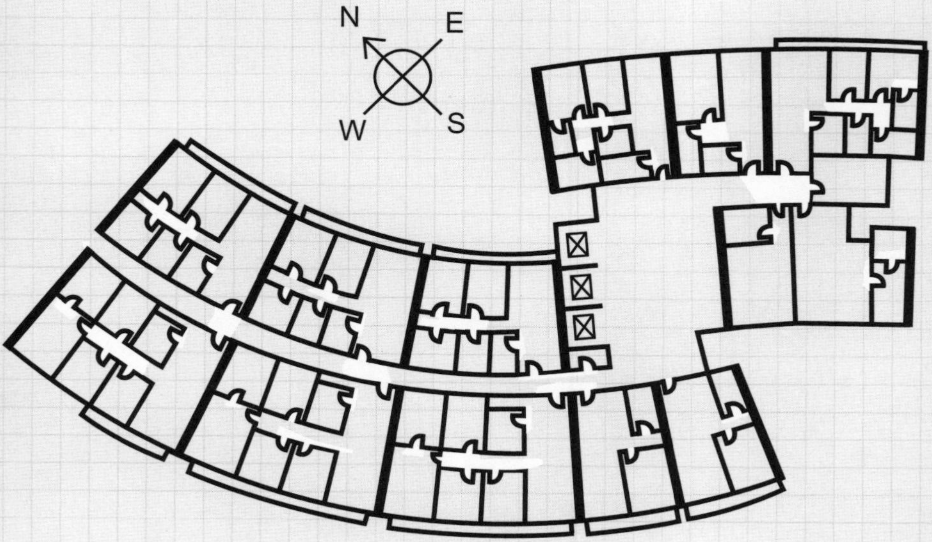

（圖三十九）一層共有十二戶，各戶門向稍有差異。

第七步

尋找宅內吉凶方位

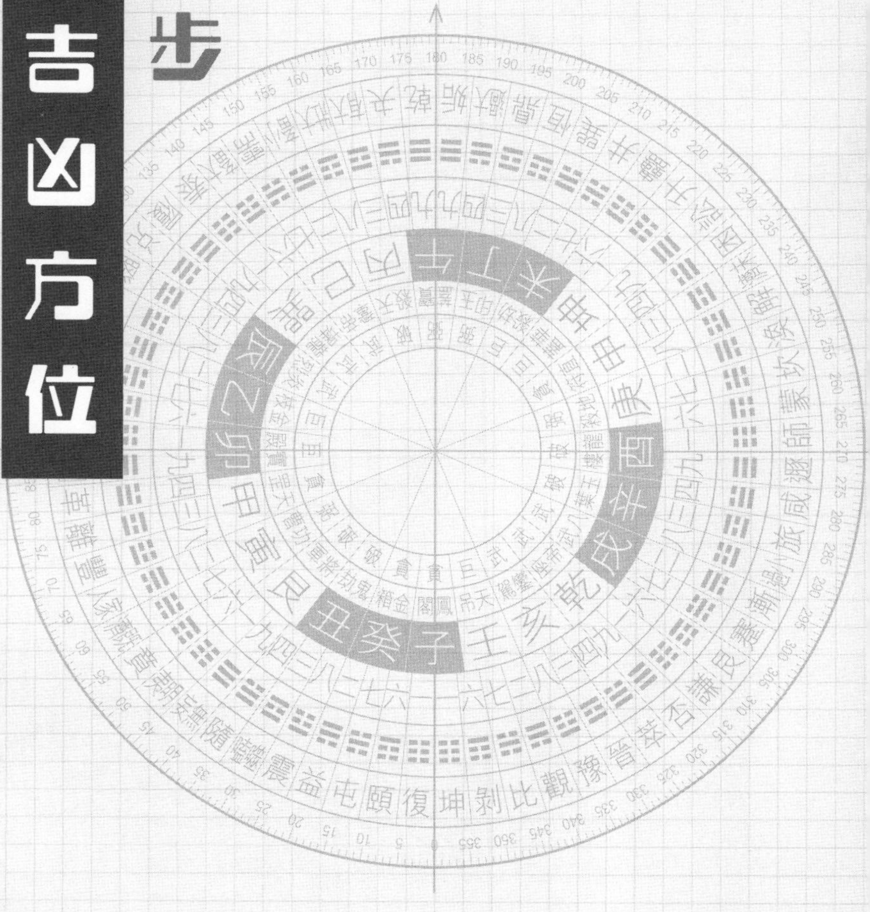

第七步 尋找宅內吉凶方位

飛星定屋運，而八宅就定室內吉凶方位。

當我們運用三元九運飛星法廿四山找到適合的房子後，便要進一步計算宅內的吉凶位置，而這時就要運用八宅了。

其實，八宅的八個吉凶方位，最主要是找出財位（天醫）、桃花位（六煞）、凶位（五鬼），其他「生氣」、「絕命」、「延年」、「禍害」、「伏位」均不太重要。

而進行室內佈局時，當中最主要者為——

（一）財位不要落在浴廁（漏財）或缺角（聚不到財）；

（二）凶位不要在廚房（疾病連年）、大門或主人房（容易爭吵疾病）；

（三）桃花位不要缺角（不利人緣桃花）。

現列出八宅八個方位的不同吉凶位置。

八宅每局之四吉位和四凶位

坎宅吉凶圖

坐正北大門向正南

（向 157 1/2 — 202 1/2 度）

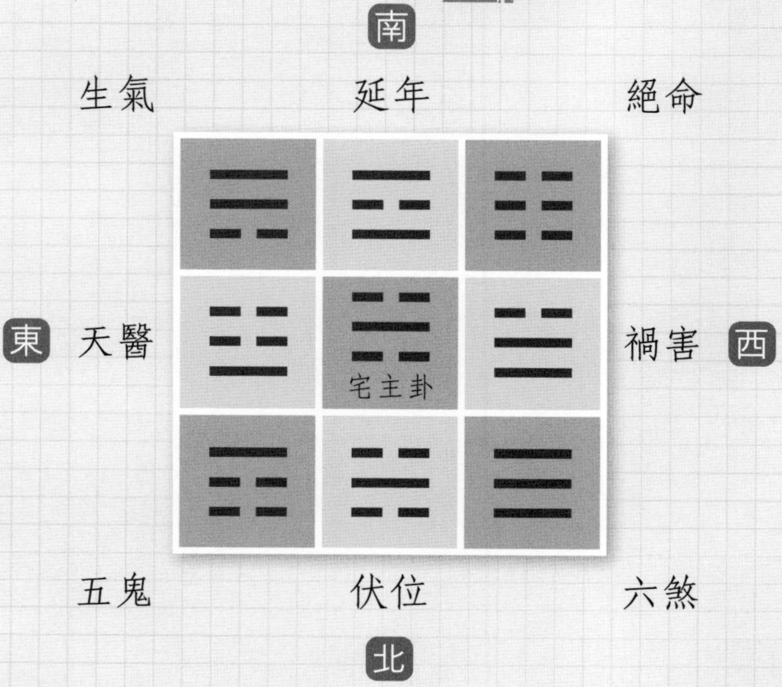

艮宅吉凶圖

坐東北大門向西南

（向 202 1/2 — 247 1/2 度）

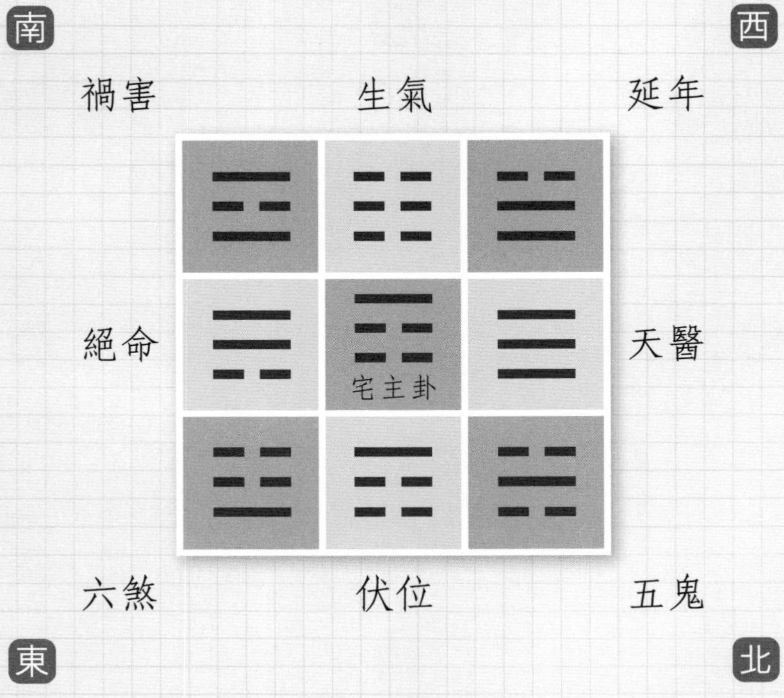

震宅吉凶圖

坐正東大門向正西

（向 247 1/2 — 292 1/2 度）

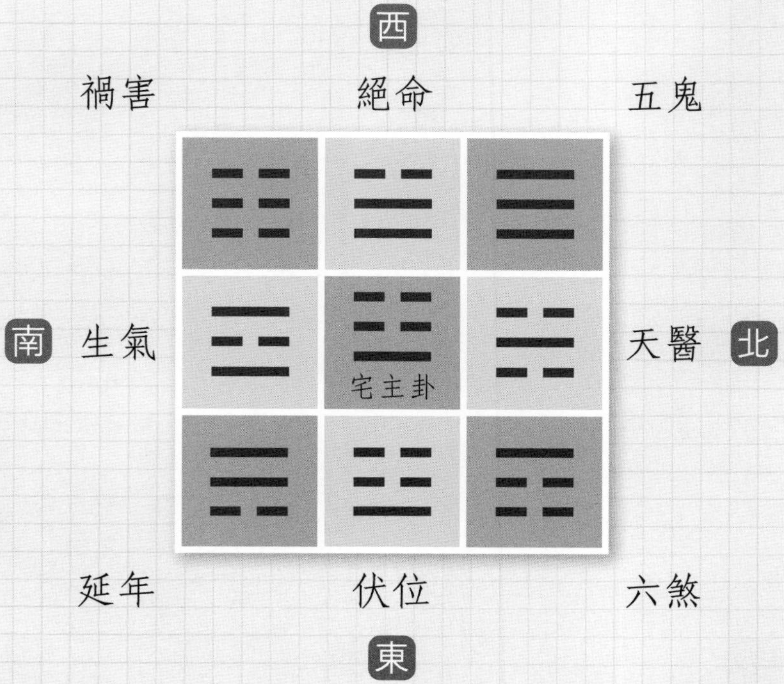

巽宅吉凶圖

坐東南大門向西北

（向 292 1/2 — 337 1/2 度）

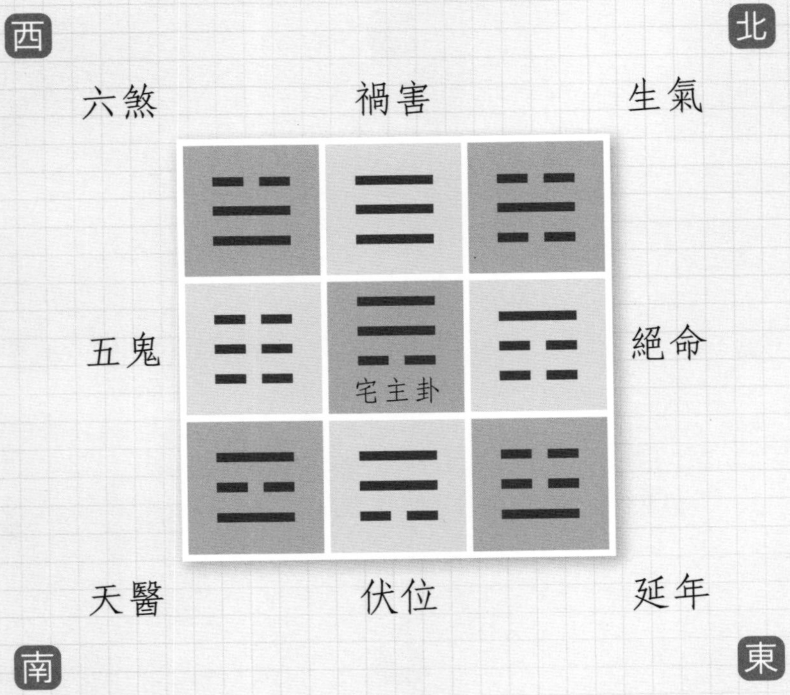

離宅吉凶圖

坐正南大門向正北

（向 337 1/2 — 22 1/2 度）

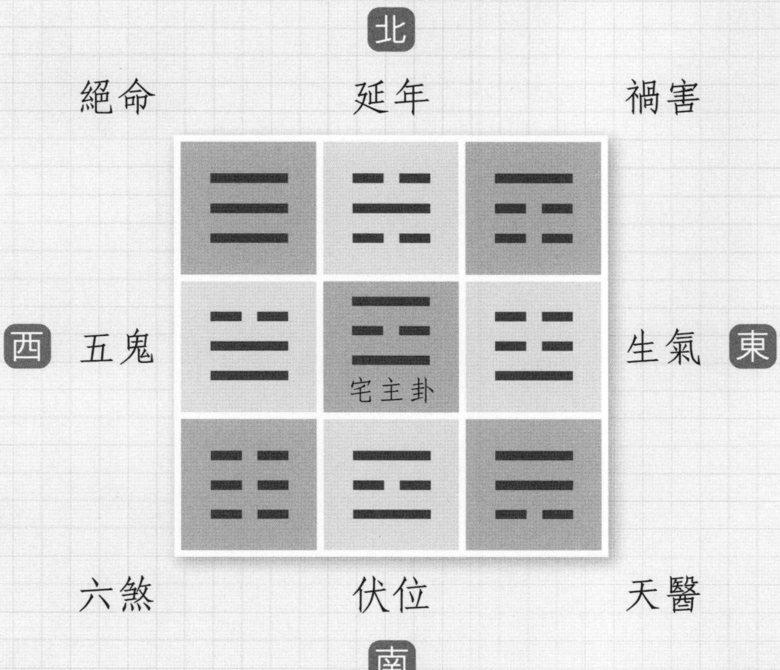

坤宅吉凶圖

坐西南大門向東北

（向 22 1/2 — 67 1/2 度）

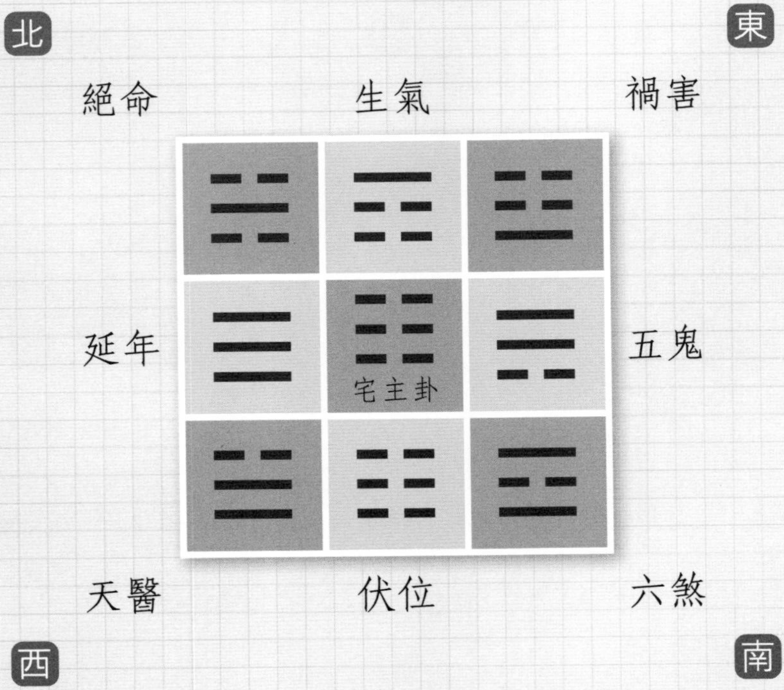

兌宅吉凶圖

坐正西大門向正東

（向 67 1/2 — 112 1/2 度）

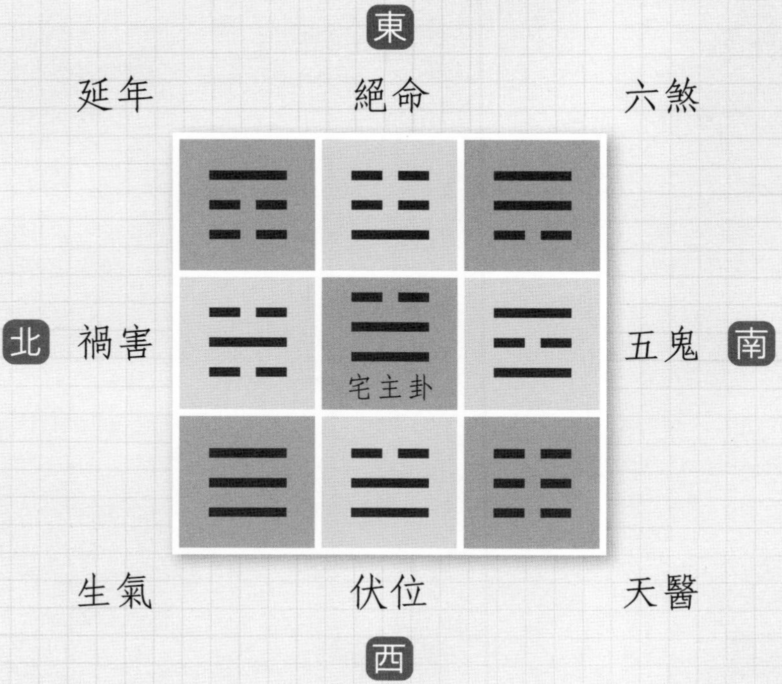

乾宅吉凶圖

坐西北大門向東南

（向 112 1/2 — 157 1/2 度）

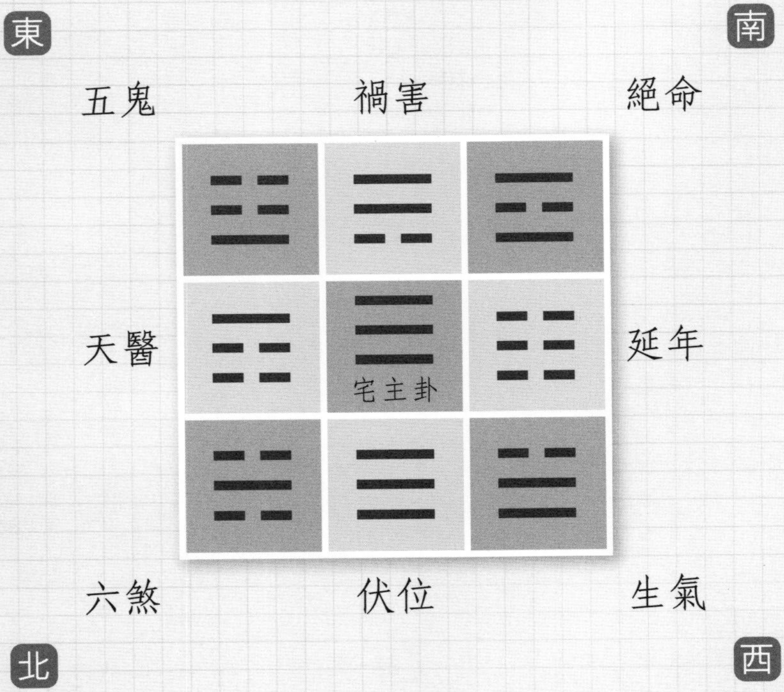

八個門向之吉凶位置

為使各位讀者更容易尋找，現將不同門向的財位、凶位、桃花位之位置列圖如下。

大門向南

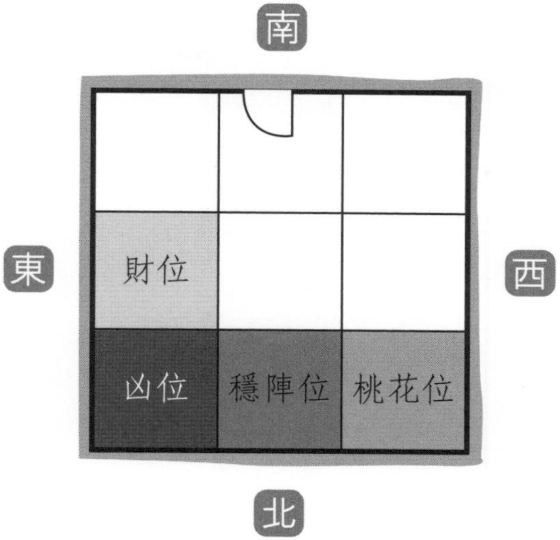

大門向南，桃花位在西北，財位在正東，凶位在東北。

大門向西南

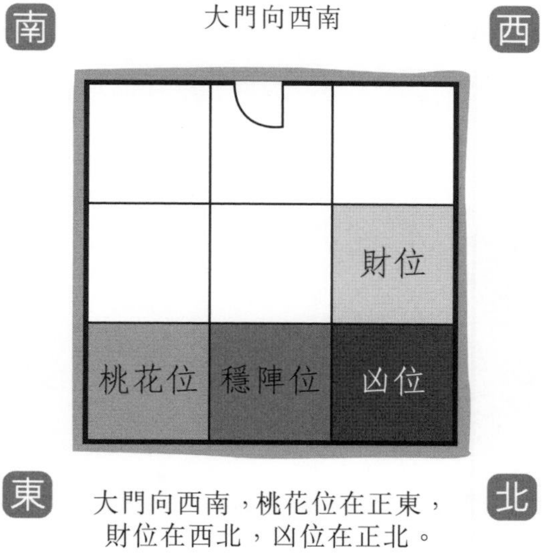

大門向西南，桃花位在正東，財位在西北，凶位在正北。

大門向西

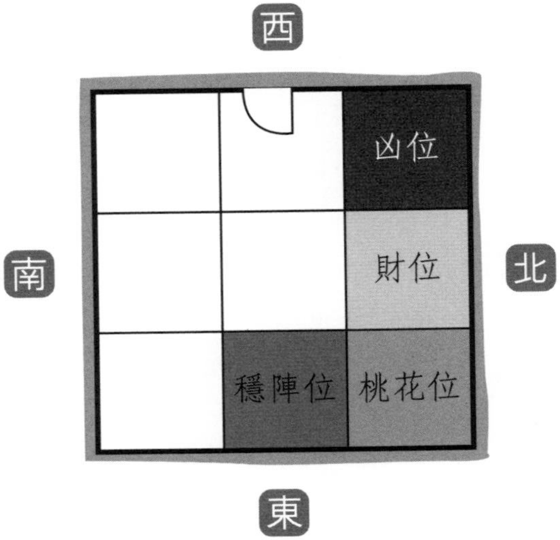

大門向西，桃花位在東北，
財位在正北，凶位在西北。

大門向西北

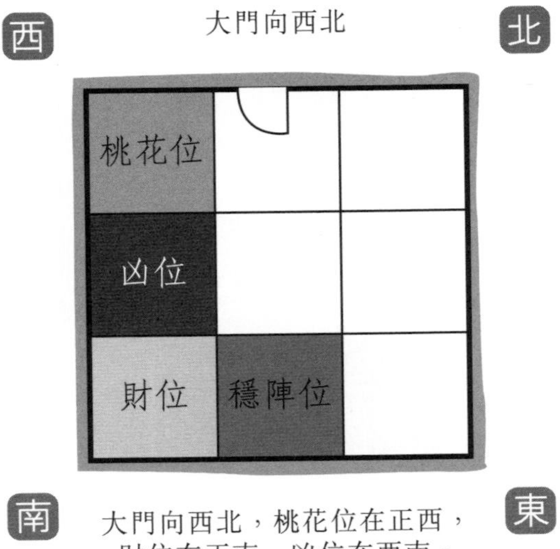

大門向西北，桃花位在正西，
財位在正南，凶位在西南。

大門向北

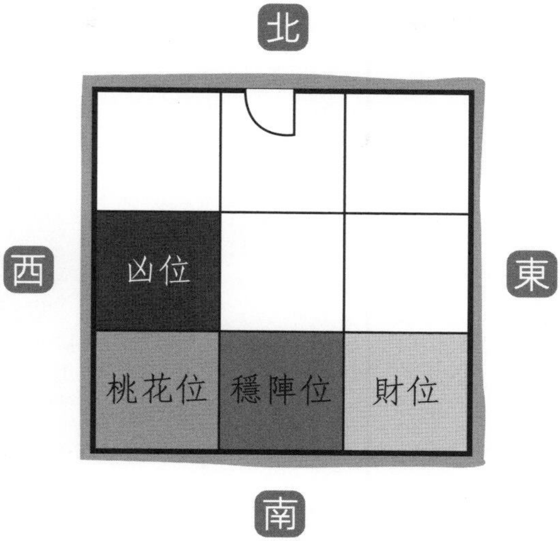

大門向北，桃花位在西南，
財位在東南，凶位在正西。

大門向東北

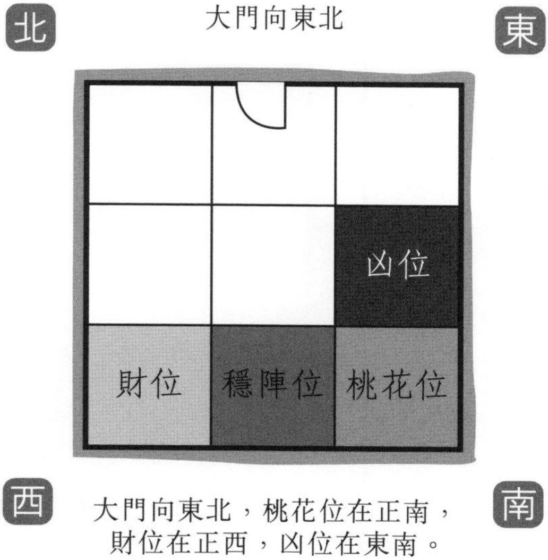

大門向東北，桃花位在正南，
財位在正西，凶位在東南。

有了上述資料以後，便可以進行佈局。

例一

坐北向南（坐子向午），八運為旺財不旺丁局，九運為旺丁不旺財，凶位五鬼在主人房

大門向東

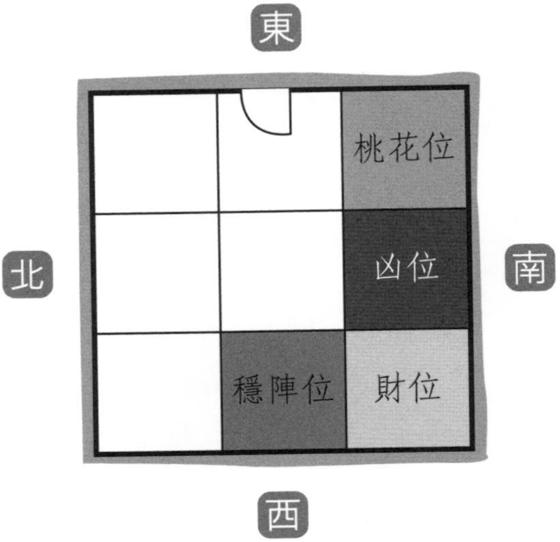

大門向東，桃花位在東南，
財位在西南，凶位在正南。

大門向東南

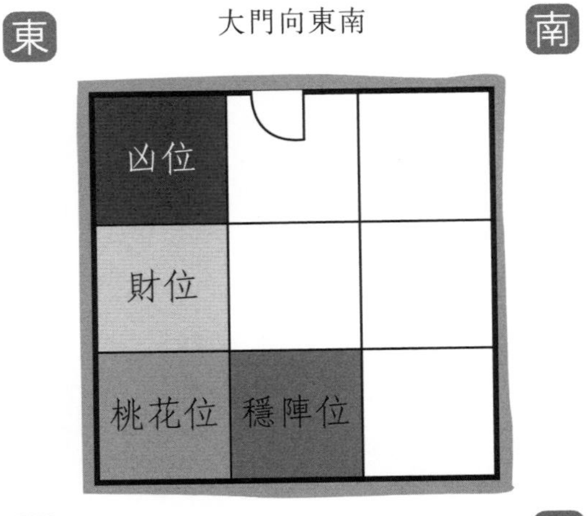

大門向東南，桃花位在正北，
財位在東北，凶位在正東。

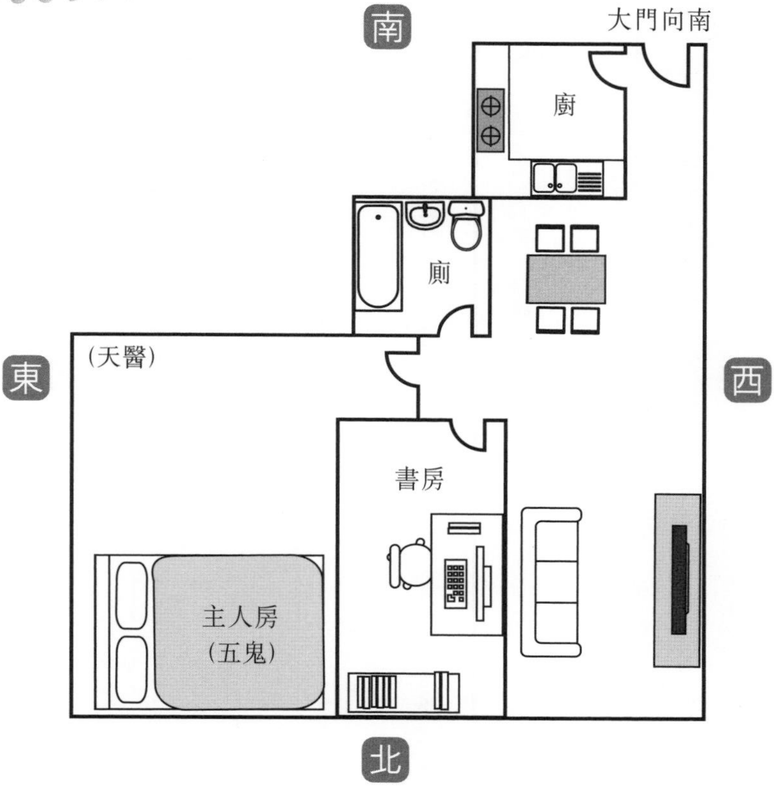

(圖四十)

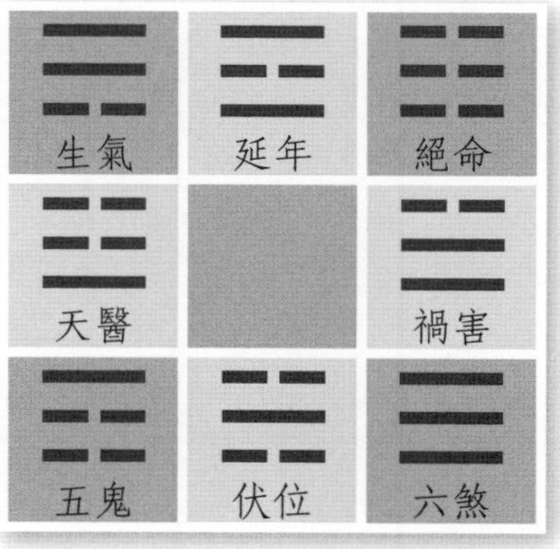

上圖是香港最常見的兩房單位，一般人都會按圖中之設計去佈置主人房，但這樣睡牀便會落在屋的五鬼方（見上頁圖四十）。如大門向南，八運為旺財不旺丁局，有七十五至八十分，但因睡牀在五鬼方，宅中睡在這房間的人難免容易爭吵及生病。

其實，只要將牀位改放天醫方，問題便得以解決，這是風水上最常見的問題（見圖四十一）。

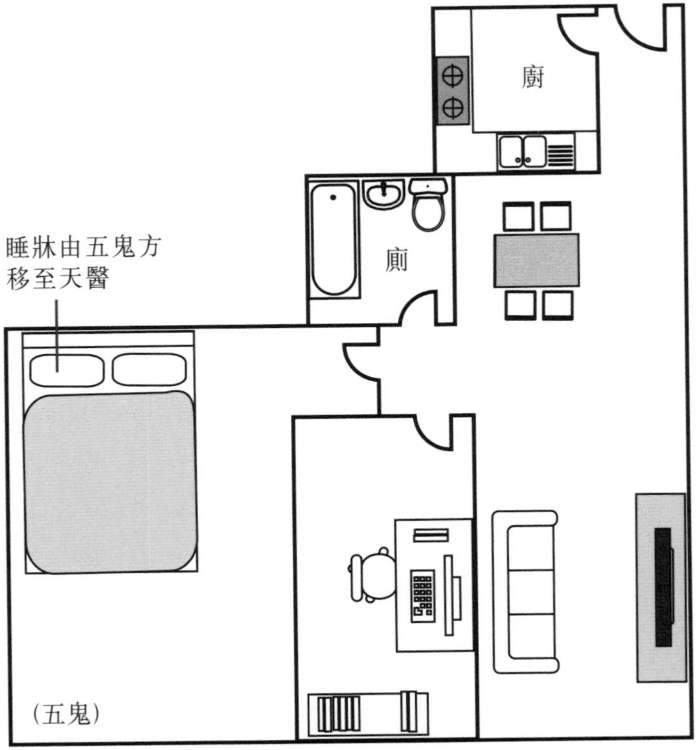

(圖四十一)

例二 坐東北向西南偏南（坐丑向未），八運為旺財旺丁，但五鬼落在爐灶

此局坐丑向未，二〇〇四年後入伙為旺財旺丁局，唯一缺點是爐灶在五鬼（見圖四十二）。如不能改動，可在爐底的廚櫃內放一個葫蘆瓜乾，然後再於爐底貼一張鮮黃色的勞作紙，這樣就能化解九成以上的剋應。

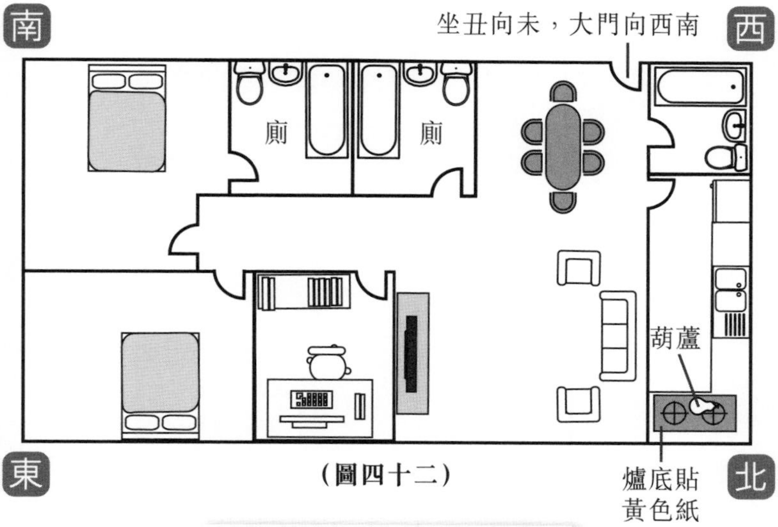

（圖四十二）

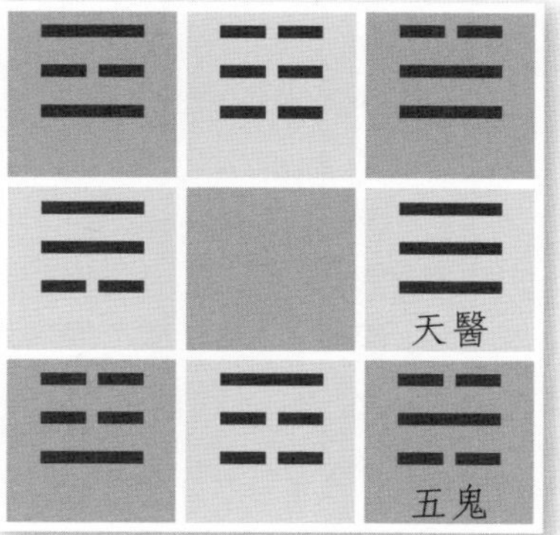

當然，如果家裏剛好要進行大裝修的話，便可以完全改正上述的缺點——將煮食爐改在財位（天醫）方，洗手盆放在五鬼方，從而糾正問題（見圖四十三）。

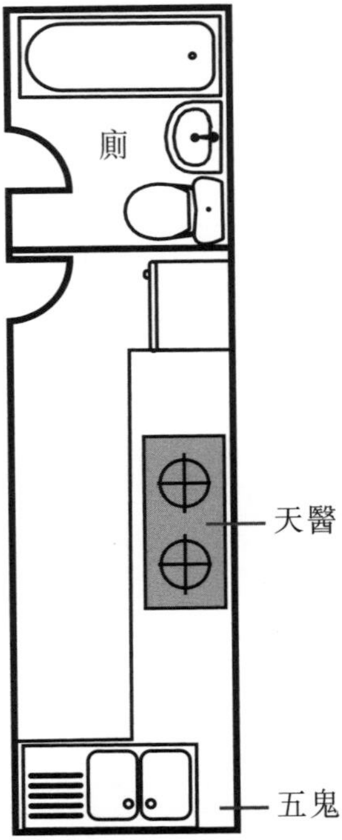

（圖四十三）

例三　坐西北向東南（坐乾向巽），八運為旺財旺丁，九運為旺丁不旺財，但凶位在睡房

兩房單位很多時都是供兩夫妻加一個子女或一對子女居住，但如果其中一個房間剛好全落在凶位方，便要作出取捨了（見圖四十四）。

一般而言，凶位（五鬼）方會讓小孩或年青力壯者居住，因為他們身體的細胞是日益增長的，有陽氣漸進之象，故比較容易抵禦五鬼位所帶來的負面氣場。當然，天生體弱多病者會另當別論。

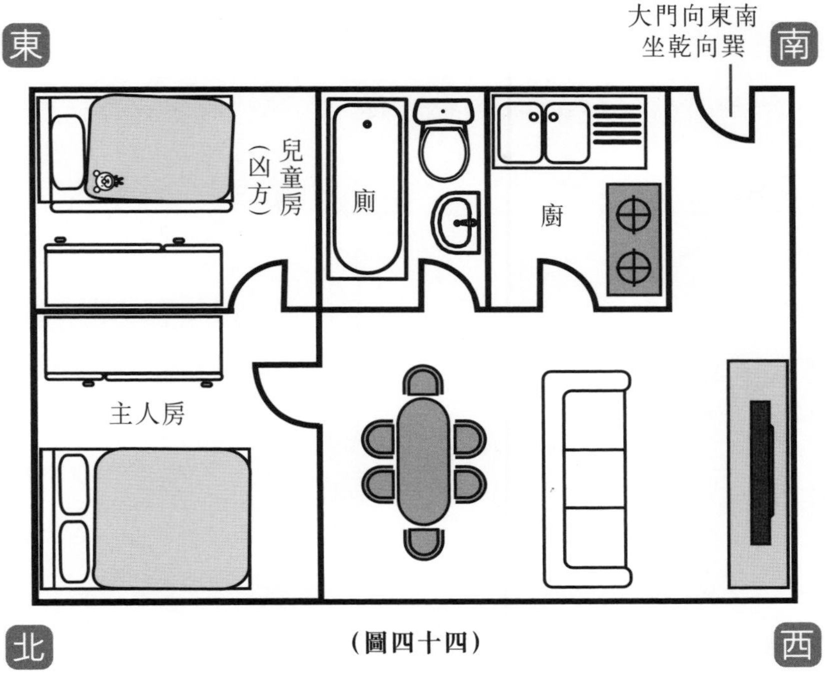
東
南
大門向東南
坐乾向巽
兒童房（凶方）
廁
廚
主人房
北
西

（圖四十四）

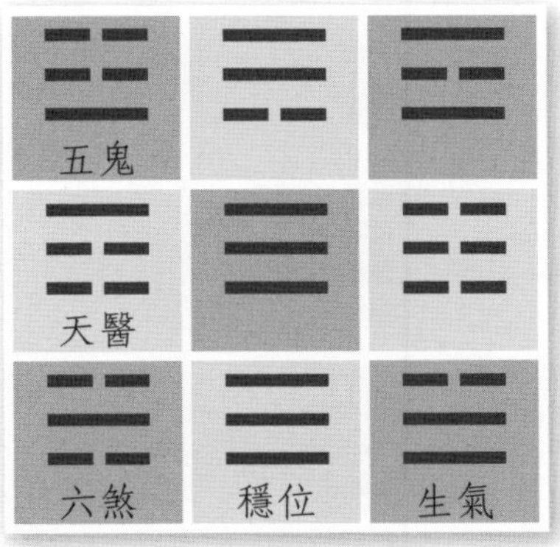
五鬼
天醫
六煞
穩位
生氣

八宅乾宅圖

例四 坐東南偏東向西北偏西（坐辰向戌），八運為損財傷丁，九運為旺丁不旺財局

此局八宅主人房為天醫財位，兒子房為延年吉位，客廳為六煞桃花位，廁所為五鬼凶位，所有位置的坐落都不錯（見圖四十五），但可惜以三元九運飛星法去判斷，此局坐辰向戌，八運為損財傷丁之局，即使合乎八宅取向，亦不宜久居，久居必然生病破財，就算人在走運中，也不免因風水之影響而令運氣減弱，就算行運也會加倍吃力。

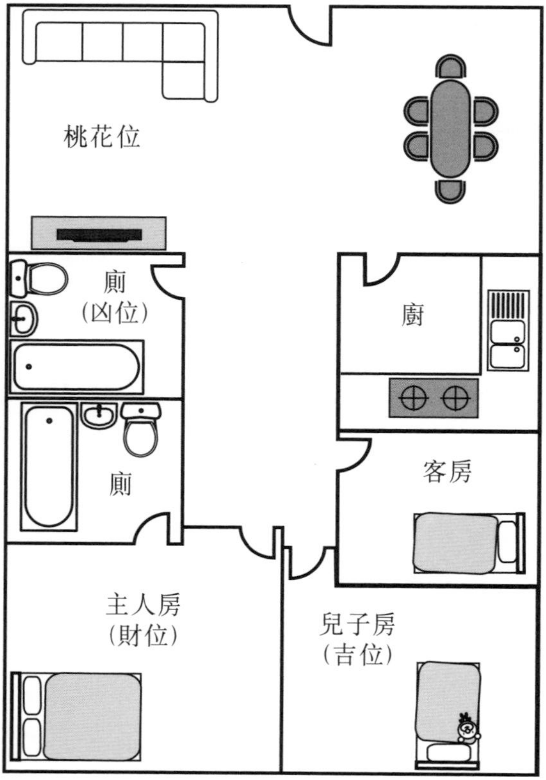

(圖四十五)

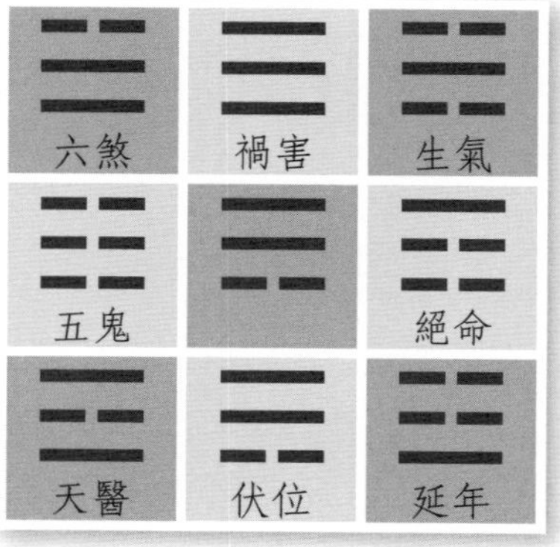

例五 坐南向北（坐午向子），八運為旺丁不旺財局，九運為旺財局

左圖所示的為開放式單位，除廚廁為入牆間隔難於改動以外，其餘梳化、睡牀、書桌皆可以隨便放置（見圖四十六）。又圖中的間格，是為了盡量使用財位、桃花位而將電視放於凶位，睡牀放在財位，這樣身體自然健康。另外，書桌放在桃花位有利人際關係，梳化在吉位無特別，而電視放於凶位內亦算是一個完美的佈置。

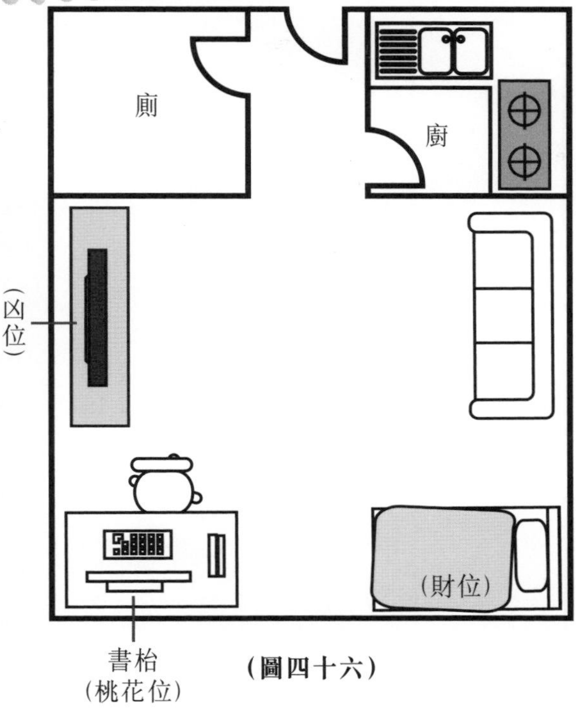

（圖四十六）

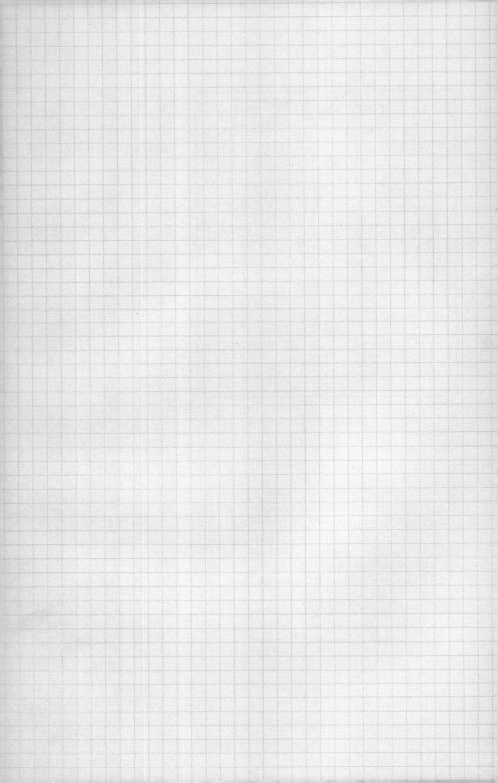

第八步

基本旺財旺身體化病佈局

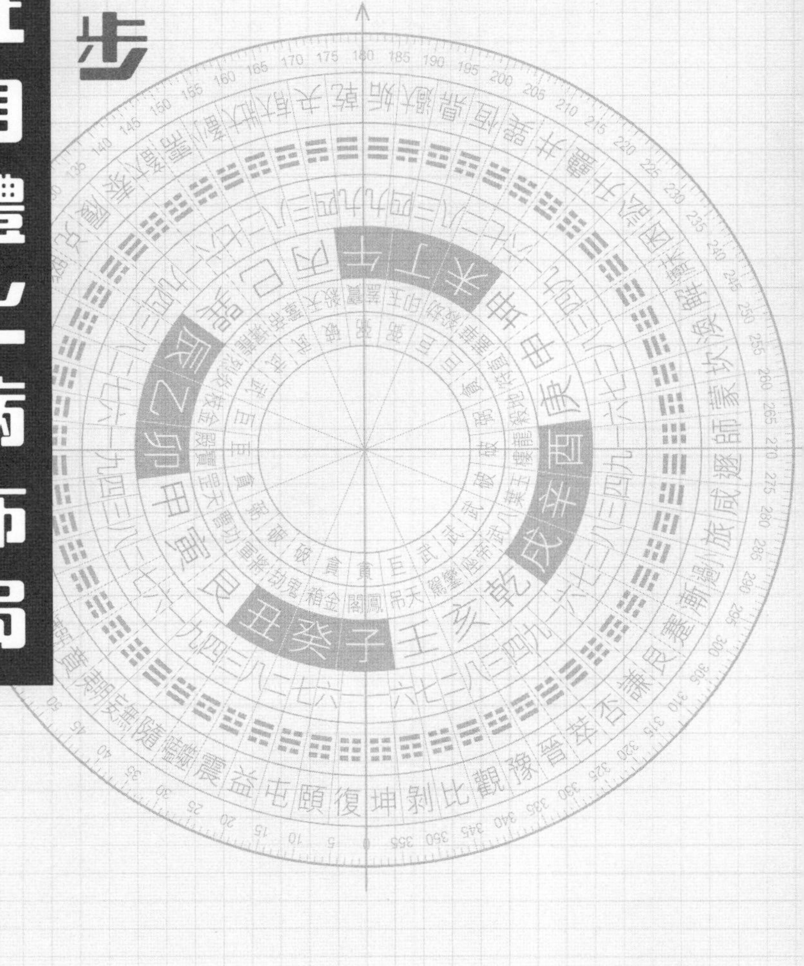

第八步

基本旺財旺身體化病佈局

找到心水單位，又知道室內吉凶位置以後，便可以開始進行基本佈局了。

風水方面，我們會用八宅來佈一個永遠大局，而飛星除了佈流年局以外，亦要注意宅中五黃二黑重疊之處，然後再分配主人房、子女房、客房、書房、飯廳等。

基本佈局

基本佈局，可用於催財、旺身體、化病化爭吵、旺身體人緣。以下將援引兩個例子，以釋述佈局法則及要點。

例一

兩房一廳基本佈局

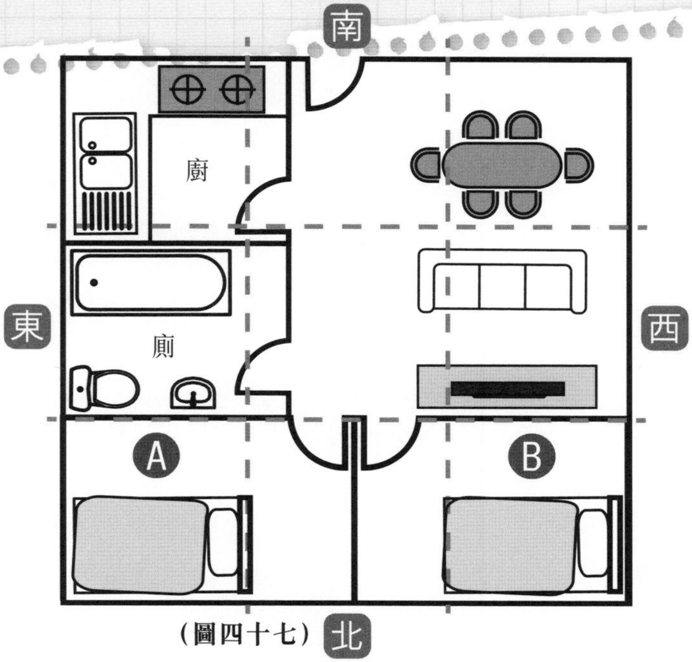

(圖四十七)

坐丙向壬，二〇〇四年至二〇二三年八運圖

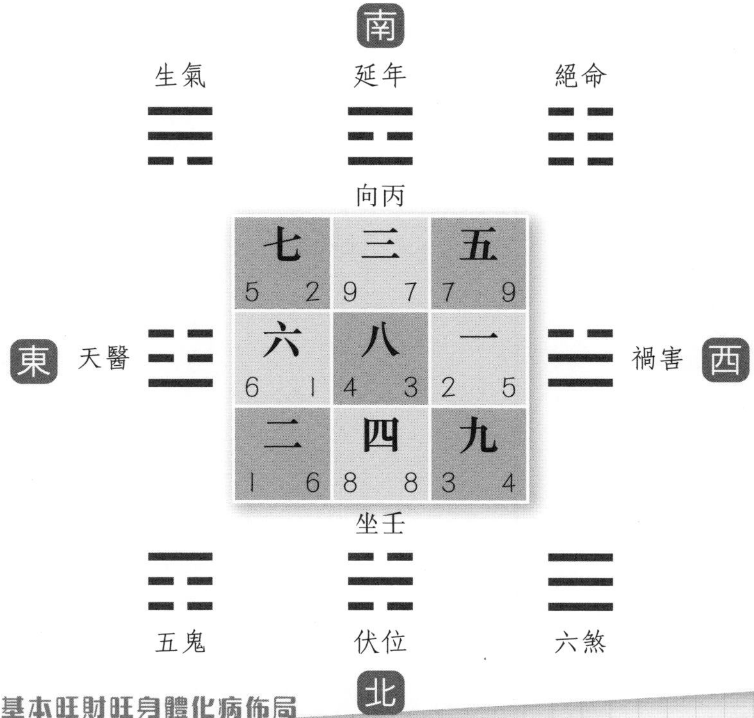

從上頁圖四十七得知，以飛星計算八運坐壬向丙為雙星到山，乃旺丁不旺財局，對收入穩定、退休人士、體質較差的人最為有利。

以八宅計算，此局天醫（財位）在廁所，有漏財之象，故居住在此屋的人宜多買實物，少存現金，這樣才可防止漏財。

另外，由於宅中的A房為五鬼（凶方），B房為六煞（桃花位），如一個人居住當然可選擇睡在B房，但如果已婚或與家人同住的話，問題便出現了——已婚人士選擇睡A房容易爭吵疾病，選擇睡B房又怕惹桃花。

至於與父母同住的話，父母睡A房會不利老人家身體，睡B房又怕「臨老入花叢」，且自己無可避免要睡在A房。

唯一的解決方法，是將睡A房的人之牀頭移到對門位置，這樣上半身在伏位（穩陣位），下半身在五鬼，是無辦法之中的辦法，然後再進行基本佈局，以利宅中人口。

基本佈局

大門開門處放水種植物催財；伏位放大圓石春旺身體人緣、人際關係；五鬼位於牀尾，可在牀尾底部放葫蘆瓜乾化病化爭吵，然後再在廁所天醫位內放大葉植物及錢箱聚財，便完成整個佈局（見圖四十八）。

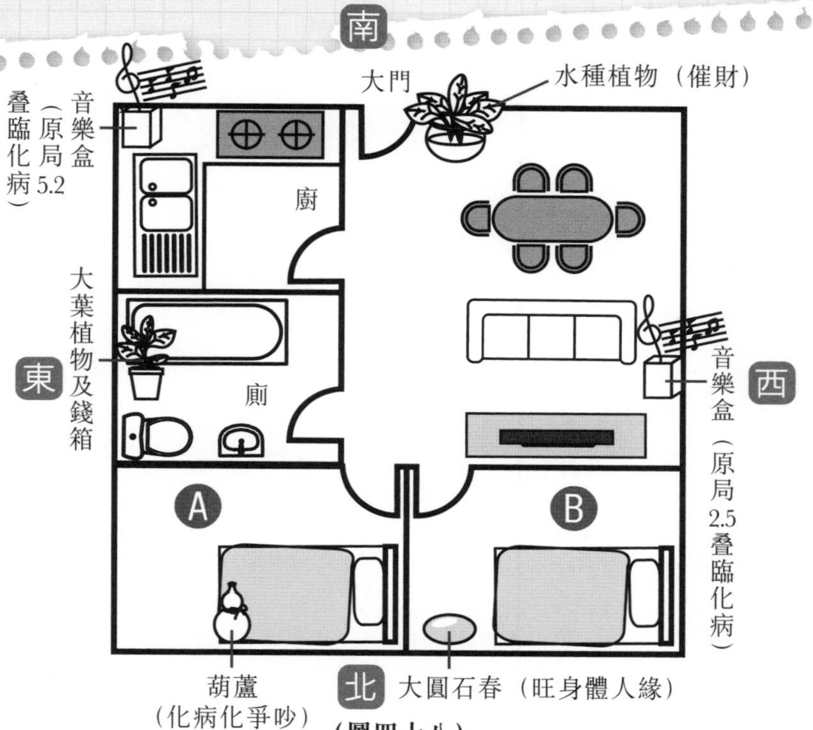

（圖四十八）

水種植物有催財之效。

除了放以上基本佈局外，尚需注意飛星圖內的東南及正西位置（見143頁之飛星圖），因兩者皆有五黃二黑重疊，故要放一個音樂盒去化病，且要不時扭動音樂盒，使其發出金屬聲響（如每天一次），因單單放音樂盒而不使其發出金屬撞擊的聲響是無法化解疾病的。

佈好基本局後尚需注意每年之二黑細病位、五黃大病位、三碧爭鬥位以及其他交戰位置，均需要一一化解。

以二〇二二年為例（見下面之飛星圖），五黃在中宮，一定要在此放一個音樂盒，但中宮在廁所門外，放音樂盒可能不太方便，故可改放灰色地氈，並於地氈底再放六個有英女皇頭的銅幣，又銅幣的英女皇頭是要向上的（見圖四十九）。

二黑位置在西南方，最好放音樂盒，然後再放一杯水，因飛星原局向星為九紫火會生旺二黑土，故以水制火、以金洩土，洩弱二黑。

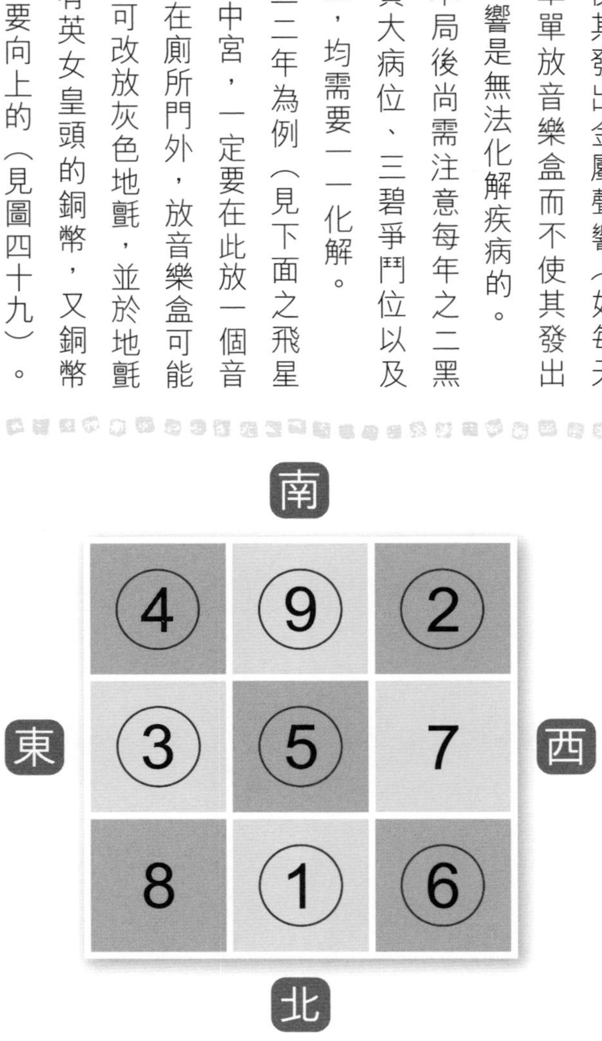

二〇二二年流年飛星圖

三碧爭鬥位在廁所，可放粉紅色物件化解。此外，正南方流年星為九紫火，原局向星為七赤金，火金交戰，此方要放啡色物件或一顆石頭化解；東南方流年星為四綠木，原局向星為二黑土，木土交戰主腹部不適，可放紅色物件化解，如喉嚨不適則宜多扭動音樂盒，以其金屬聲化解；正北方流年星為一白水，原局向星為八白土，土水交戰宜放音樂盒化解；西北方流年星為六白金，原局西北方向星為四綠木，金木交戰宜放一杯水化解。至於大門南方位置雖然是九紫火剋住原局向星之七赤金，但門口生入剋入旺入都是好的，代表當年入財，故不用加以化解，如需放地氈的話，則可以用咖啡色。

二〇一三年流年佈局

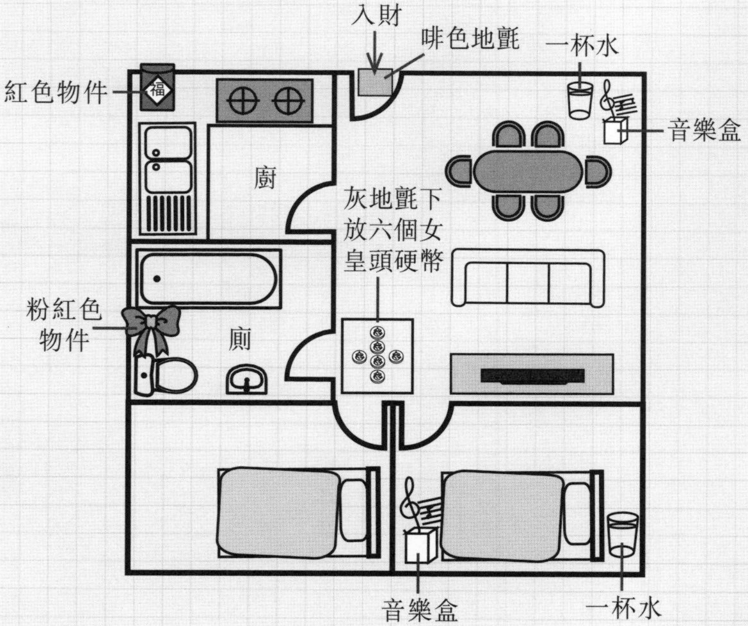

（圖四十九）

這樣，便完成了二〇二二年的流年佈局，然後只要到二〇二三年西曆二月四日立春前後，把二〇二二年的流年佈局拿掉，再換上二〇二三年的便行，但永遠的基本佈局是一直維持不變的。

例二 菱形屋，坐丙向壬八運樓

現代建築物的形狀千奇百怪，如果用古代法則去看，所有菱形屋、鑽石形屋、L形屋、三角形屋或其他不是正方形的奇形怪屋，都可以入於凶宅了。當然，這與事實是不相符的。

其實，以前因建築技術所限，圓形與方形屋往往最容易達到堅固的效果，以致其他屋形根本不會有很多人去考慮；但現代建築技術先進了，不少奇形怪屋因此應運而生，所以我們要重新研究，如何以現代的方法去演繹現代房子在風水學上的影響。

從暫有的資料與筆者的勘察經驗所得，屋形最不穩定的是菱形屋，原因是伏位在尖角上，屋形就好像會左右搖擺一樣（見圖五十）。

曾經看過很多菱形屋，宅中人的財運與感情往往受最大影響，運程不但容易大上大落，且感情亦反覆不定。

如閣下正住在菱形屋，便唯有盡量用佈局去補救了。

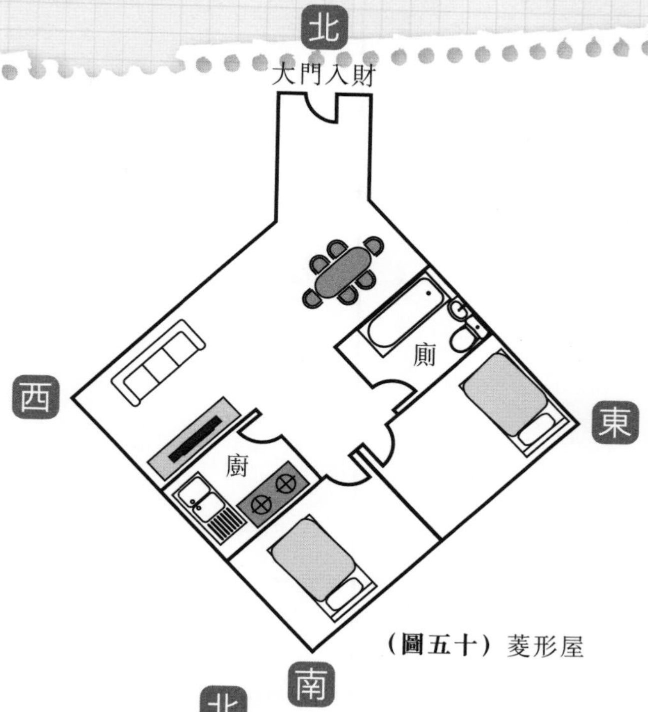

(圖五十) 菱形屋

八運坐丙向壬飛星八宅圖

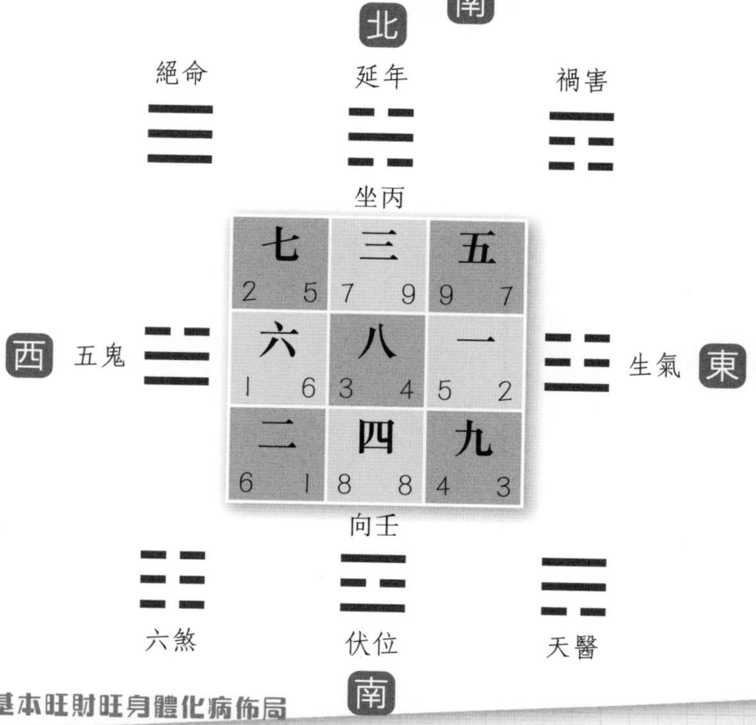

從飛星圖得出八運坐丙向壬為雙星到向，乃旺財不旺丁局。以八宅計算，天醫在東南、六煞在西南、五鬼在正西、伏位在正南、延年在正北、生氣在正東、絕命在西北、禍害在東北，但八宅以六煞、天醫、五鬼這三個位置最為重要，其他吉凶位置影響相對較小。

此外，飛星圖顯示，東南位二黑五黃疊臨，而八宅東南是天醫財位，可見八宅大吉，飛星則凶，但作基本佈局時還是以八宅先行，

基本佈局

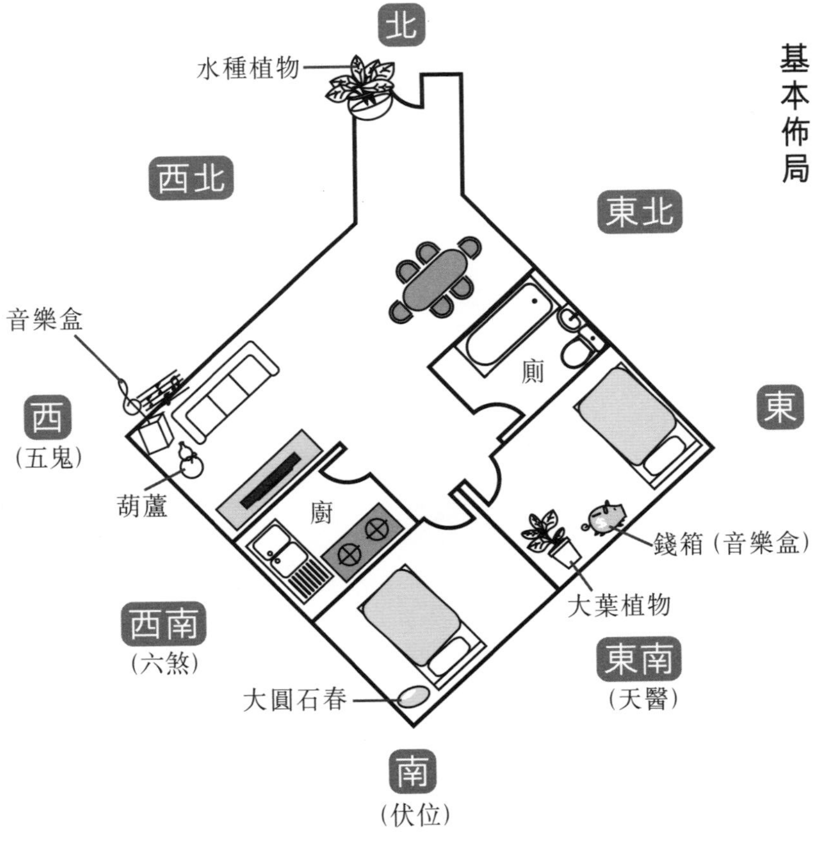

(圖五十一)

然後再化解二黑五黃。

反之，正西不但同樣是五二疊臨，且再加上正西為八宅之五鬼，這樣就真的要避之則吉（八宅圖與飛星圖的方位是相反的——八宅的「東」是飛星的「西」、八宅的「南」是飛星的「北」、八宅的「東南」是飛星的「西北」，依此類推）。

基本佈局

從149頁之圖得知，伏位在入門直對的尖角上，根本不可能穩定，唯有在尖角位置放一顆大圓石春，希望能穩定一點（見右頁圖五十二）；其他如在大門旁放水種植物催財、東南財位放大葉植物、錢箱聚財、二五疊臨之病星放音樂盒化解、正西五鬼位放葫蘆及音樂盒化解八宅與飛星的病位，這樣佈局便完成了。

葫蘆有化病氣之效，又風水上一般會用真的葫蘆瓜乾，且不能開口的。

二〇二三年流年佈局

二〇二三年飛星四入中，然後順量天尺順飛。如與原局向星相比，會發現二〇一四年流年星有二黑、五黃及三碧三個位置需要化解，而由於其他位置並無交戰，故毋須化解。

二〇二三年五黃位在西北，可在西北位放一個音樂盒在沙發旁化解，但因二黑位在正東，剛好是B房的睡牀位置，所以除了牀頭旁要放音樂盒外，最好再加上灰布蓋住六個女皇頭銅幣在牀板上去化病（見圖五十二）。

至於三碧位在東南，剛好是兩間房中間的位置，可以放粉紅色物件化解。

二〇一四年流年飛星圖

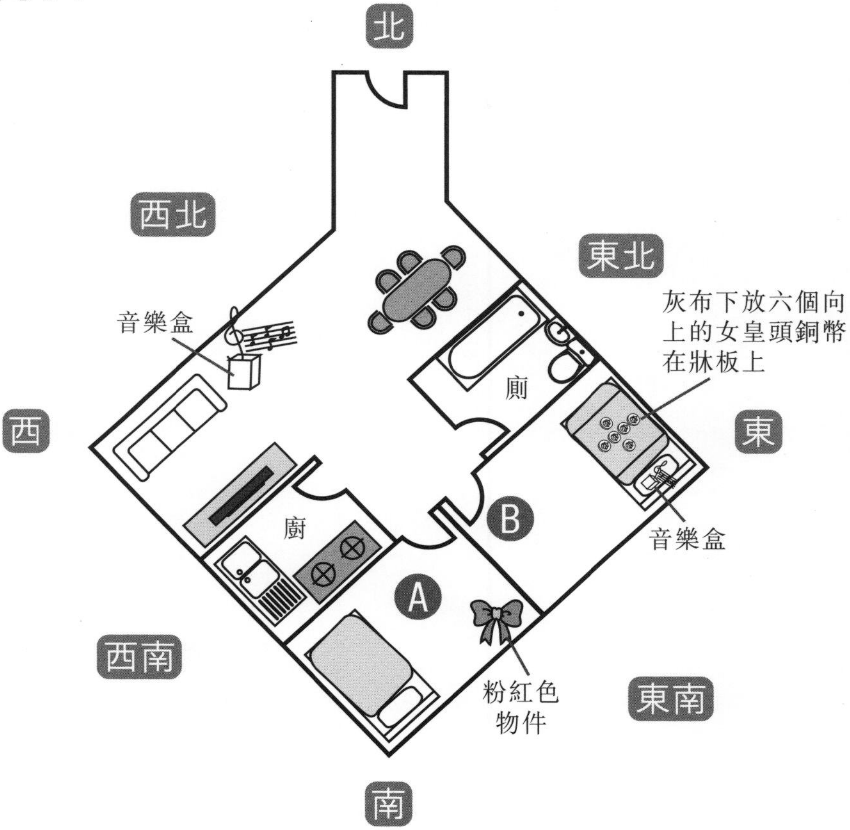

（圖五十二）

以上為基本佈局，簡單易明，至於流年佈局則會較為複雜，如不懂得佈局的話，可以參看筆者每年的流年運程書，只要找到自己居室的大門正確方向，就可以按照我的提示去佈每年的流年局。

第九步

不同形狀屋形的九格分法

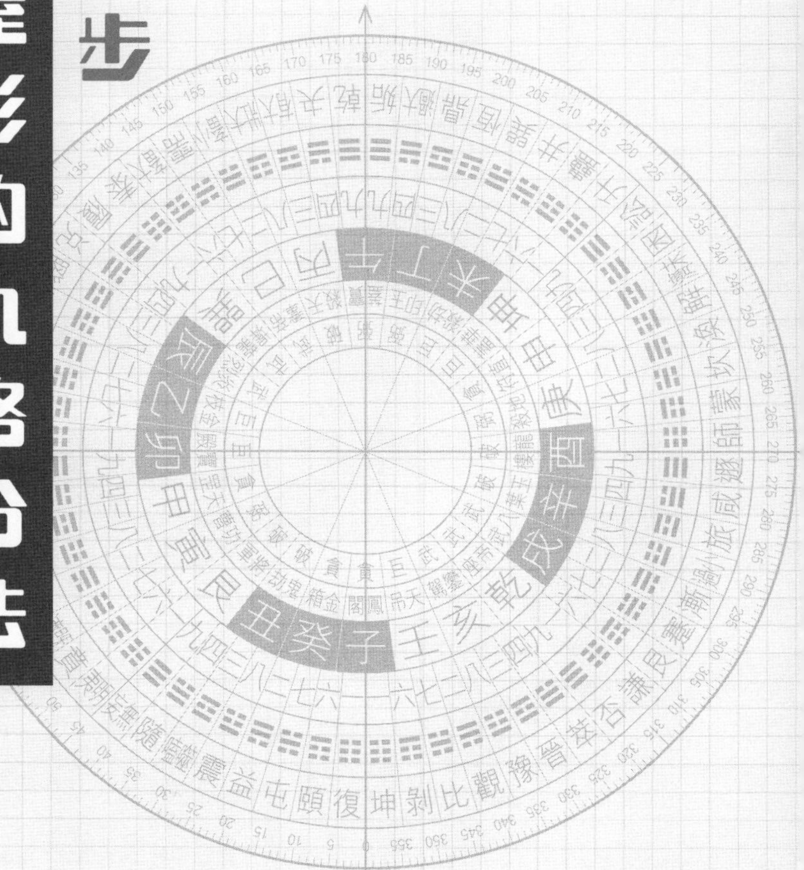

第九步 不同形狀屋形的九格分法

知道基本風水與流年佈局的方法後，不一定會懂得如何將房子分成九格，現筆者與大家分享多年的經驗，有些肯定是對的，有些則還是要靠大家多去印證。

鑽石形

鑽石形屋之出現最少有二十多年，經過那麼多年的印證，已經掌握到其正確的分法——

鑽石形屋其實由廚房一直至主人房都是正長方形的，只是大門呈四十五度角去開而已，故伏位依然是在屋的底部，與正方形及長方形的屋形無異（見圖五十三及五十四）。

有了大門及伏位的方向後，其他位置便可以按比例去分吉位、凶位、財位、桃花位等。無疑，這樣九格中有些大一點有些細一點，但看了那麼多年，這方法是行之有效的。

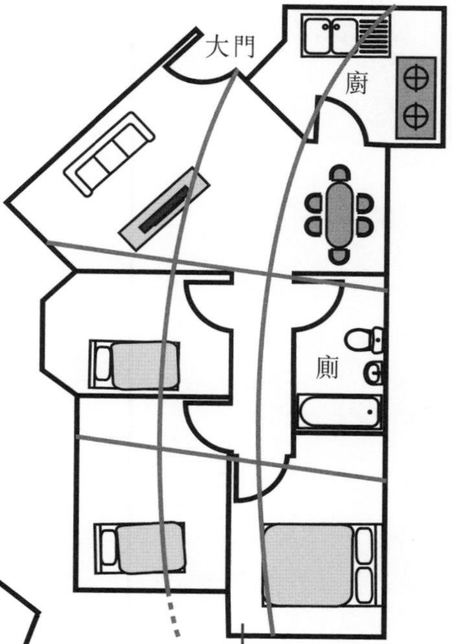

(圖五十三)

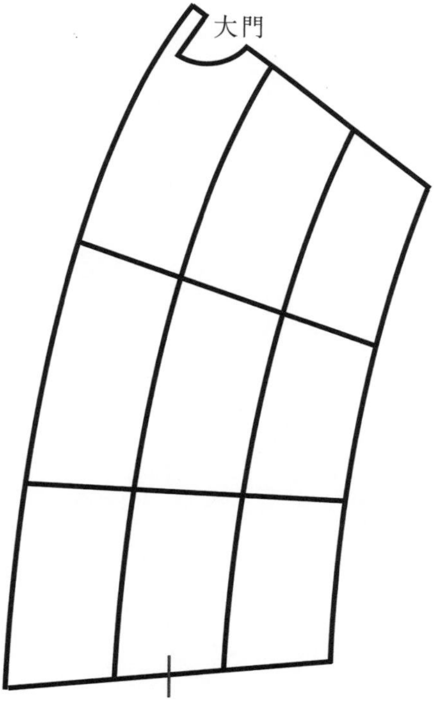

(圖五十四)

三角形

這種三角形屋，在古代出現的機會不大，但在當代建築則屢見不鮮（見圖五十五）。

事實上，這種屋形在分九格的時候不難處理，只是缺角、凸角的情況比較嚴重而已。

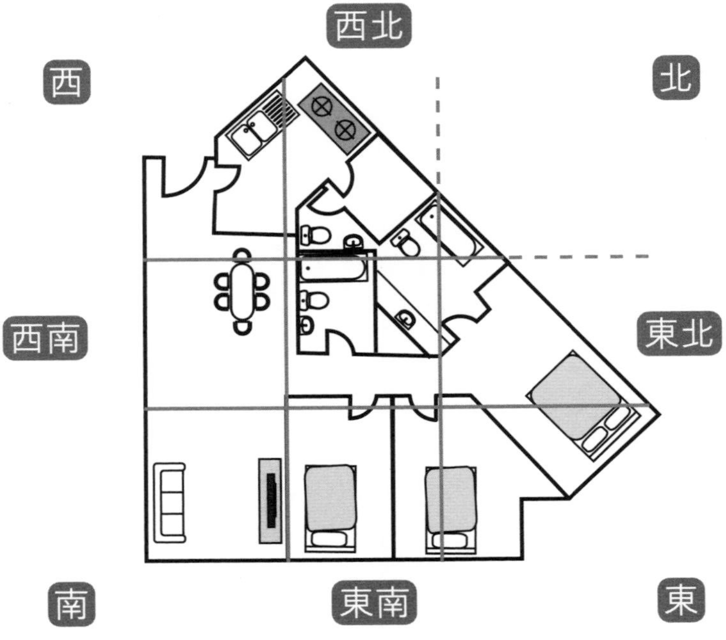

（圖五十五）

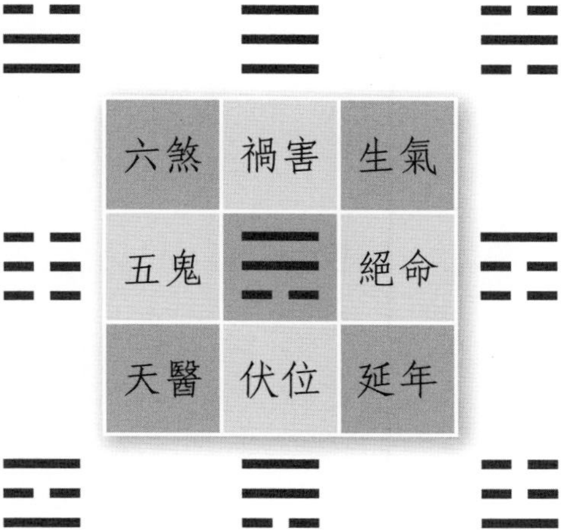

以八宅分析上圖的話，大門向西北為巽宅，天醫在正南，五鬼在西南，六煞位在正西，缺凸角並不明顯，只是六煞有一點缺了而已。

至於全屋最嚴重的缺角，則在正北生氣位置，而凸角最厲害之處就是東北絕命位，幸好這兩個都不是最重要的位置，故影響不大。

不知名形

無論鑽石形屋抑或三角形屋，屋其實是方正的，但有些因門開歪了，以致室內的九格難以定出。

下面列舉兩個例子，展示其他不知名形狀的屋形，以釋述九格分法。

例一

下圖之單位，可以用鑽石形的分法，推斷主人房靠廁所之角為伏位，然後再定其他方向，相信出錯的機會不大（見圖五十六）。

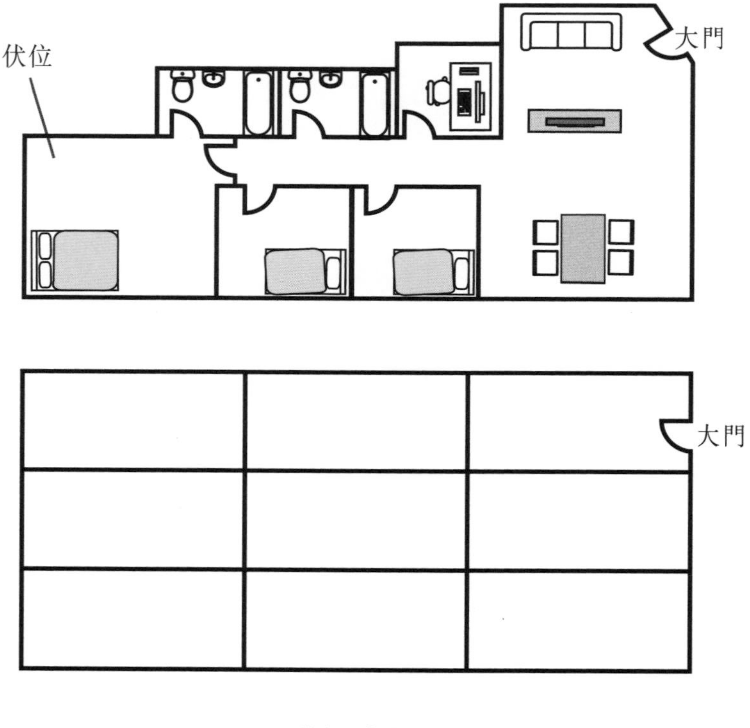

（圖五十六）

例二

這間屋菱形又不是菱形，定九格的時候不免有些困難，不知道該以①、②或③做伏位好（見圖五十七）。

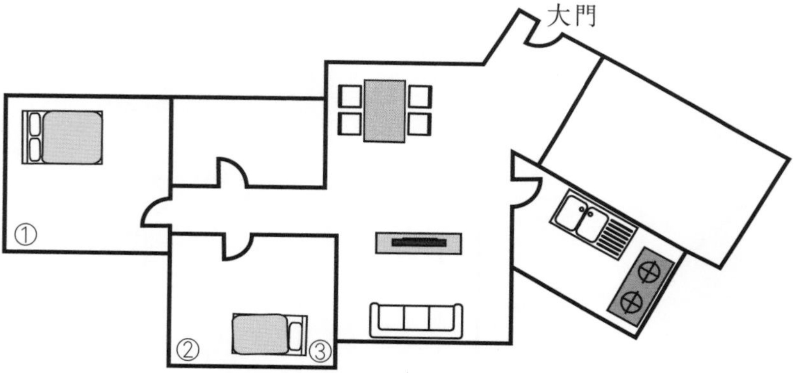

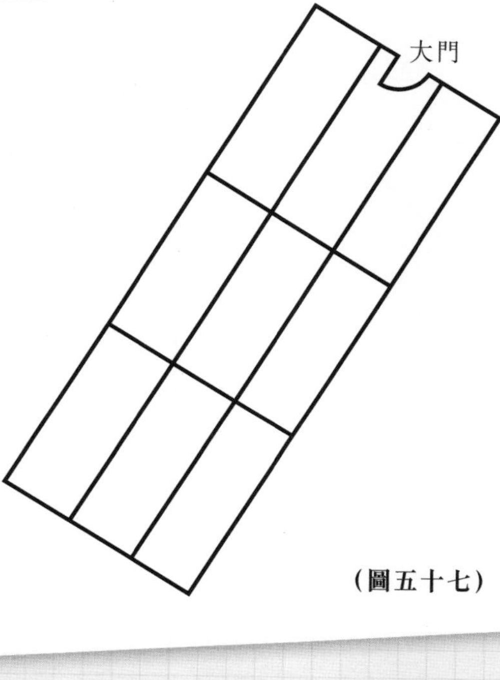

（圖五十七）

如從大門直線量度，當以③為伏位；但如用菱形計法，則應以②為伏位；而如以鑽石形推斷，則應以①為伏位。由於定不出伏位便難以推出其他位置，所以現代風水需要不斷更新研究，才能把每個個案做好。

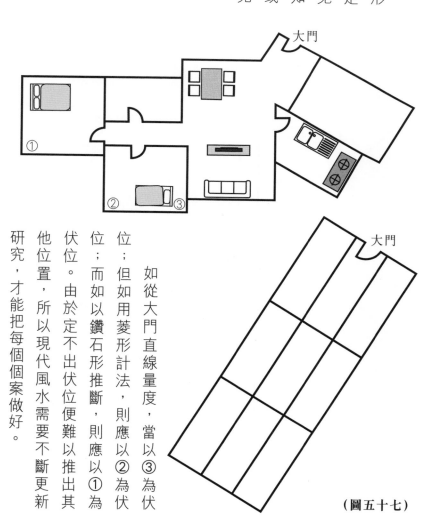

槍形

近十年常常遇到槍形建築物，這在判斷上並無困難，只是其缺角位比較大，以及有主人房對廁所或廚房的問題（見圖五十八；又上述影響可參看《風水天書》內的「睡房風水」一文）。

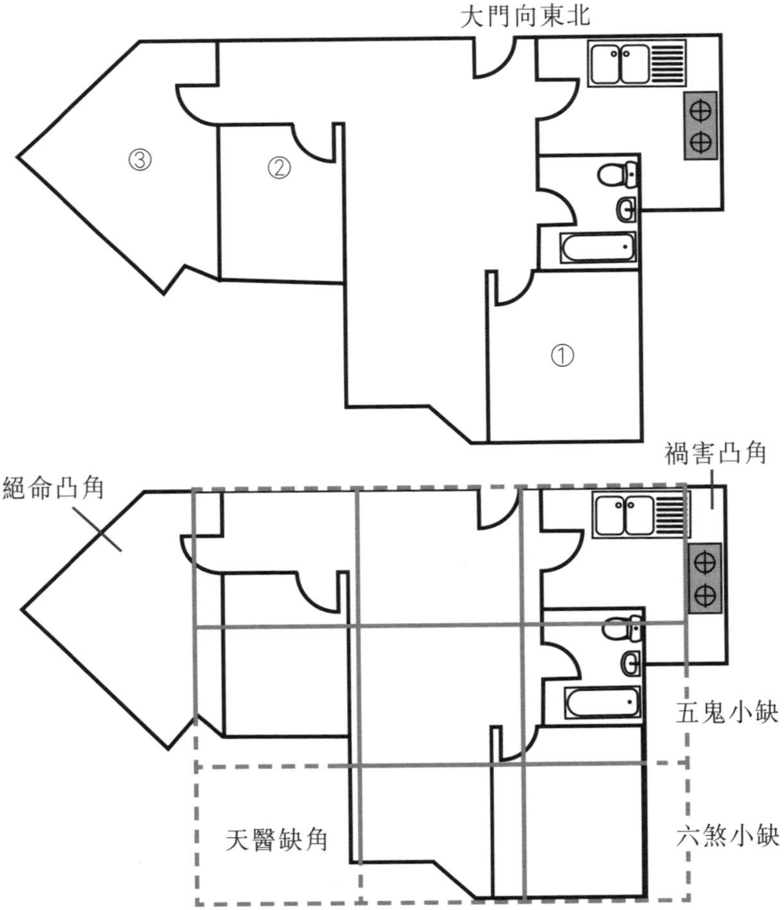

(圖五十八)

坤宅八宅圖

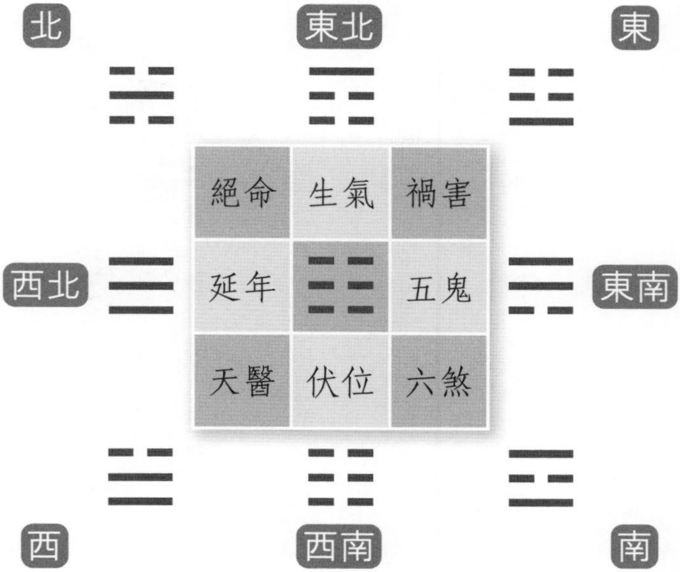

上述屋形，我們以大門向東北坤宅計算——

五鬼在東南方廁所位置，六煞桃花位在正南客廳①號房，天醫財位在正西缺角位置，故不論飛星吉凶，單憑八宅推斷的話，此宅的財位出現了大缺角，不利住在屋內的人儲蓄財富，故宜把現金換成實物以防破財。

L形

這種屋以前在商業大廈或辦公大樓才會出現，但近這五年也常在住宅碰到(見圖五十九至六十二)。

L形屋其實不難判斷，只是缺角、凸角位較多而已。

缺了五鬼或其他不重要的位置當然無所謂，但如果缺了桃花位、財位便不利人緣與聚財。

相反，凸角也是同一道理，吉位凸了當然好上加好，但凶位凸了可用的地方自然少了。

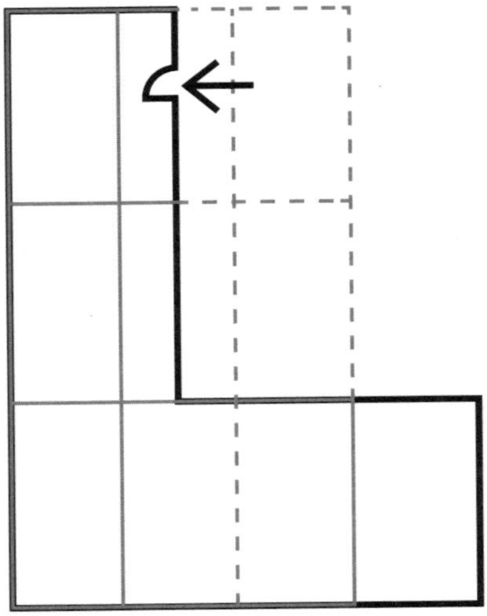

(圖五十九)

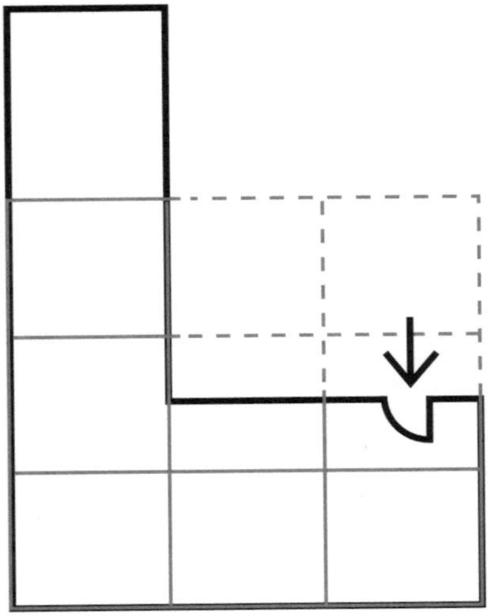

(圖六十)

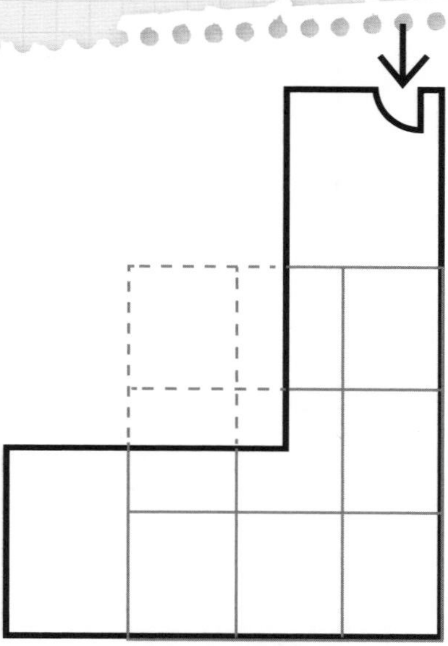

（圖六十一）

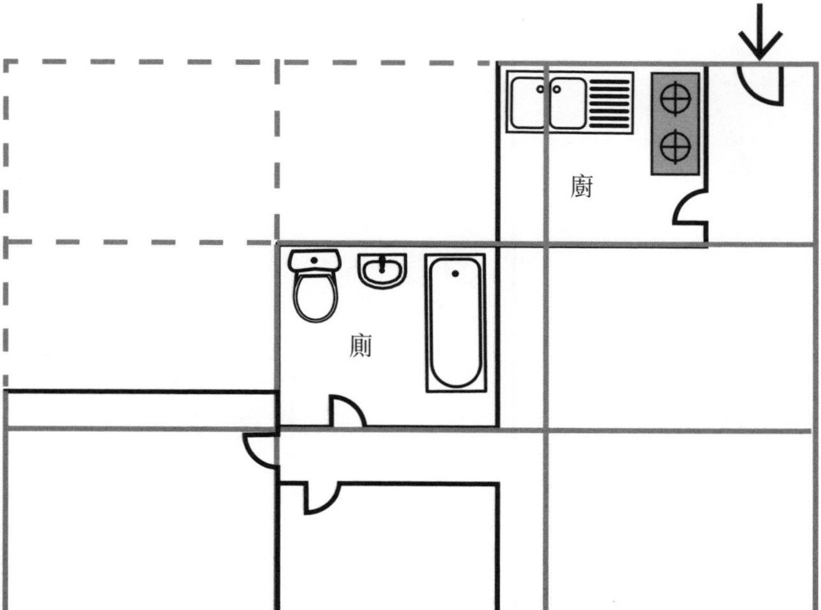

（圖六十二）

元寶形

這種圓形建築物在住宅中雖然不太常見，但也並不罕見。

如果是整層只有一個單位，則九格平均分就可以了（見圖六十三），但一層如有兩至三個或更多單位，便會出現左圖有如元寶的形狀了（見圖六十四）。其實，元寶形不難判斷，在裏面平分九格就可以了（見圖六十五）。

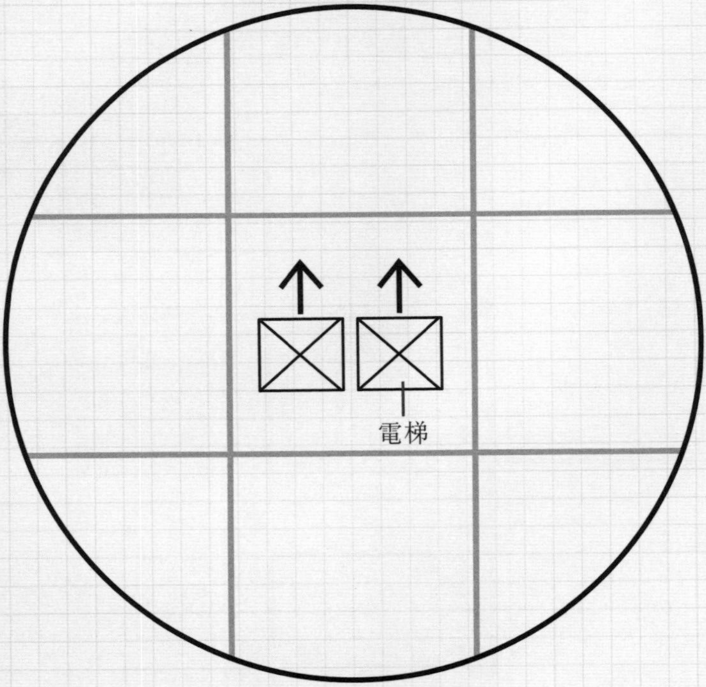

（圖六十三）圓形單位均分九格

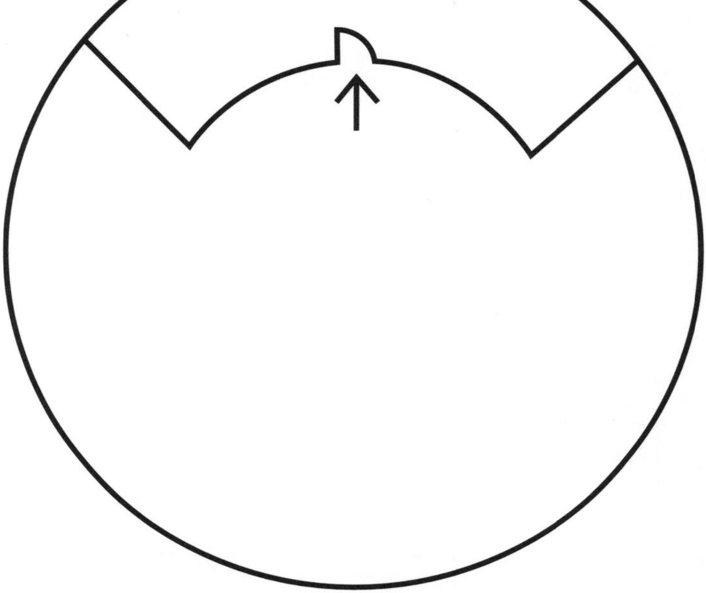

（圖六十四）元寶形單位

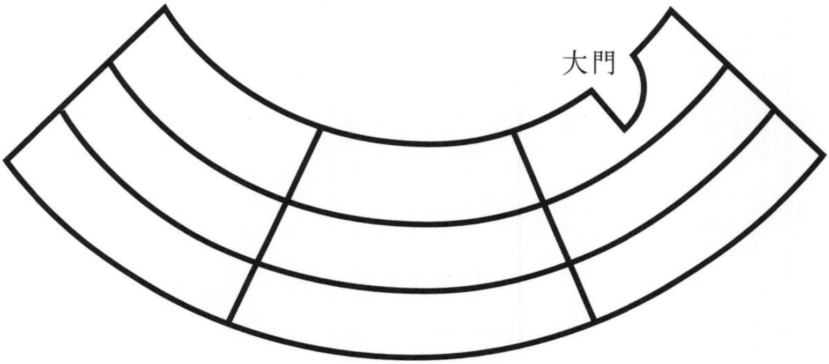

（圖六十五）元寶形單位均分九格

傳統豪宅

一般而言，傳統豪宅的廚房、工人房與工作間都是凸出來的，但因凸出來的面積佔全屋之比例不大，故只要當凸出來的部分為凸角，然後將屋平分九格，看看凸出來的部分是凶位、財位、桃花位還是一些不相關的位置便可以了（見圖六十六及六十七）。

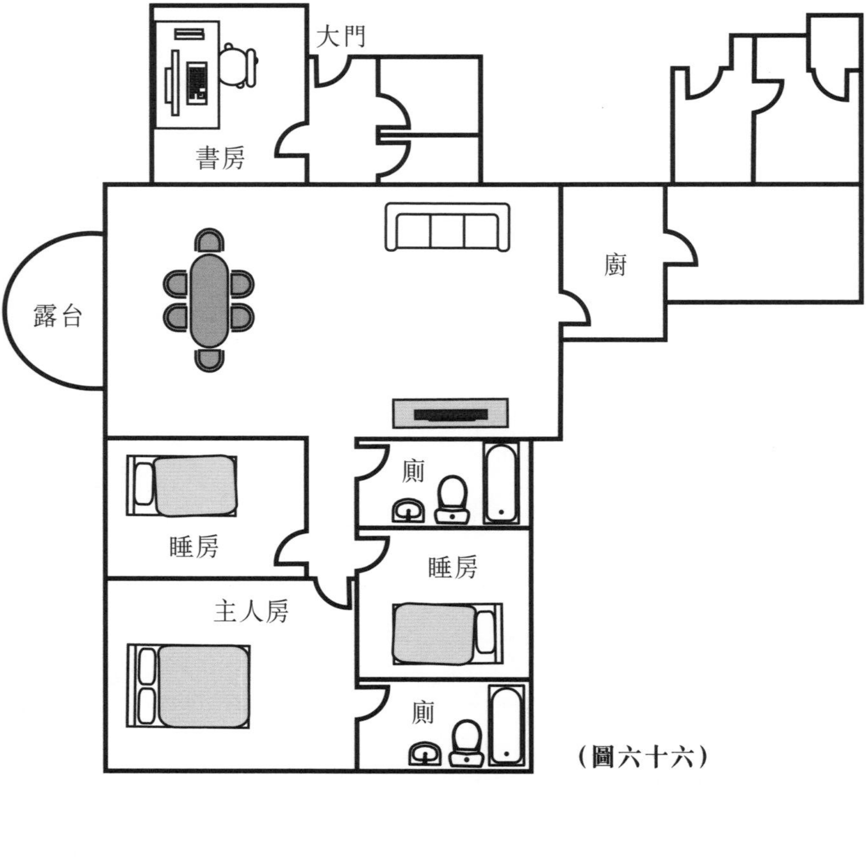

（圖六十六）

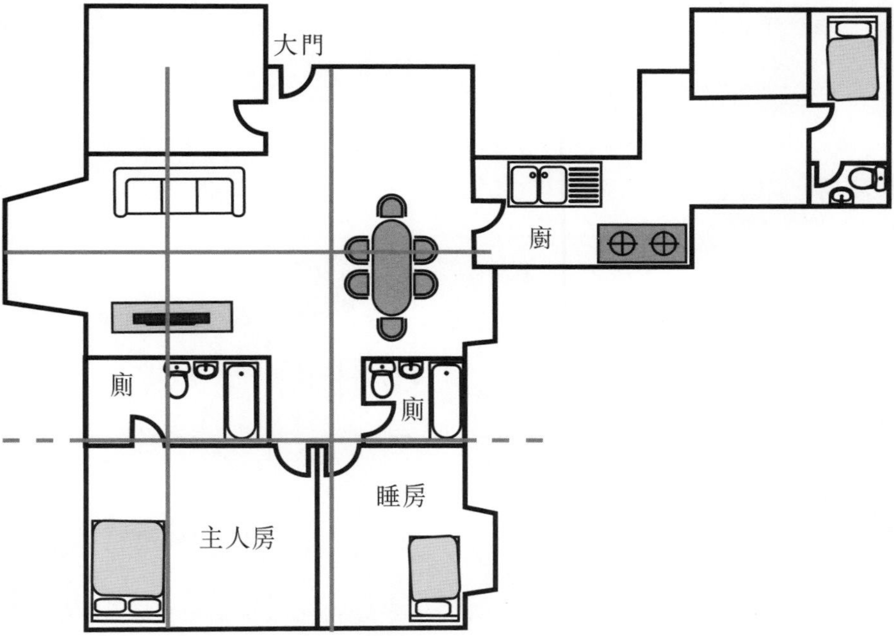

(圖六十七)

多層式住宅

其實不管有多少層，只要是一家人住而大門入口只有一個，則不論是從大門進入也好，從車房門進入也好，只要定出入屋的方向，就不用管有多少層，每層平分九格去計算便可，下以一間三層別墅為例（見圖六十八至七十）。

如地下位置是財位、凶位或是桃花位，則二、三樓的吉凶位置也必然一樣，而流年吉凶及其化解方法也是相同的。

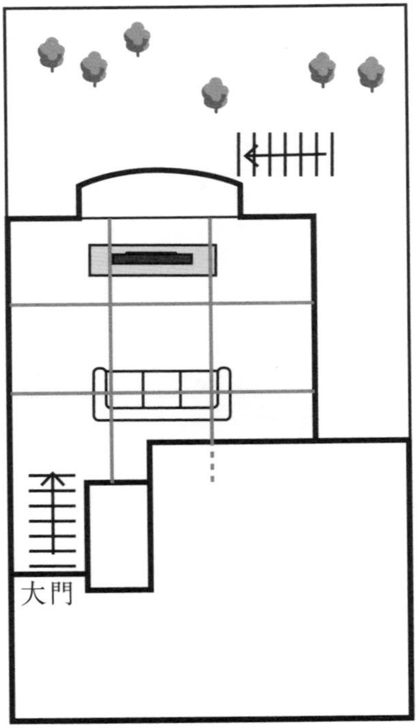

（圖六十八）地下

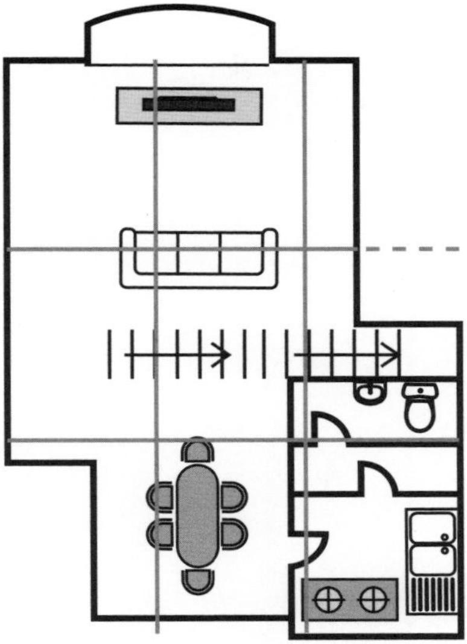

（圖六十九）一樓

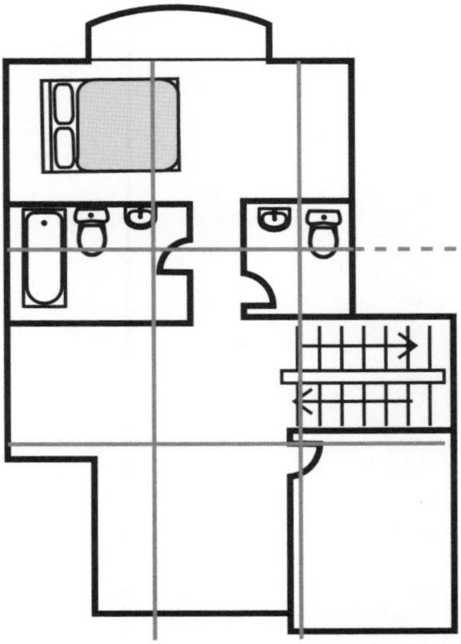

（圖七十）二樓

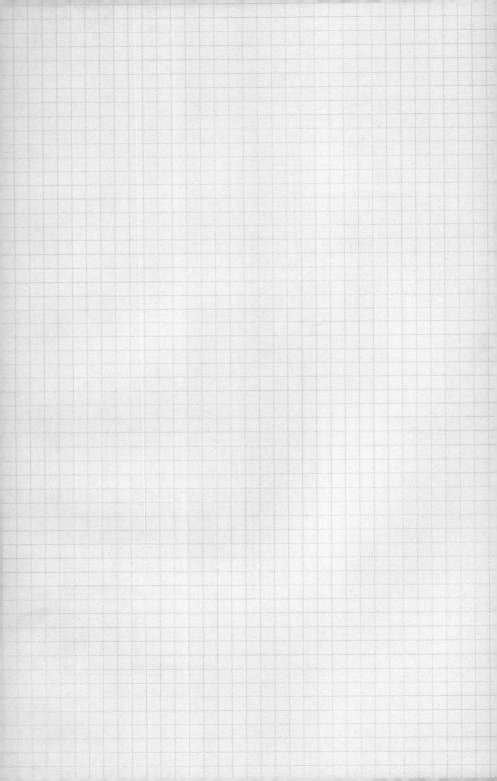

第十步

室外注意事項

第十步 室外注意事項

其實，這在《風生水起（巒頭篇）》已經有詳細論述。

室外注意事項，主要都是看有否路沖，是否對着警局、消防局、醫院之正門，旁邊有否教堂、廟宇，窗外會否對着十字架或廟宇頂之尖角，屋外有否尖角煞、穿心煞、天斬煞、動土煞等，如有，可以逐一化解。

山形

山之形狀不同，對居室亦有吉凶之影響。

風水學上有云：「山肥人富，山瘦人飢。」

山肥是指山勢圓潤，有草木遮蓋，如大埔、粉嶺、元朗及中區半山等皆為肥山發富之地，人丁亦得以暢旺，屬風水佳構。

瘦山則指山形瘦削，亂石巉巉，無草木遮陰，如獅子山及屯門一帶之地，主男人較辛苦，女人易生婦女病，小兒難教易成少年罪犯，財運不佳等，故見之者不利人口。

肥山

瘦山

水勢

宅外所見之水，以清澈、緩慢、帶曲、向我為佳。水流清澈代表出人俊秀，水流混濁則人無貴氣，行為低劣。水勢緩慢代表人富情味，鄰里和睦，合家有情；水勢過急，則人無忍耐力，易因小事而爭執，鄰里不合，家庭失和。

水帶曲如「之」字形，主發貴，求官易得，亦利學業考試（見圖七十一）；水形直過則為無情，主不利財帛，易有破財之象（見圖七十二）。

水向我流代表有情利財；水向外流走則破財。水形環抱我為吉，主易得貴人之助；水流背向我謂之「反弓水」，主無情，易為朋友出賣。

（圖七十一）曲水

（圖七十二）直水

水流慢者為有情，主鄰里和睦，宅中人相處融洽。

維多利亞港屬曲水，既有情，亦利財。

對向警署、消防局、教堂、廟宇、軍營等

以風水的角度而言，住宅不宜對向警察局、消防局、廟宇、教堂及軍營等，因恐煞氣太重，於宅中人不利；若抵擋不住，便會出現人口不和之象。

事實上，以上各者所產生的煞氣在程度上是有所不同的——

如住宅對着廟宇，由於其有很多人朝拜和煞氣較重，故應找專家勘察，看看該如何化解。

至於對向醫院或消防局的住宅，其所受之煞氣則相對沒那麼大，可在對着的地方放置一些多葉植物（如葵類）加以化解。

教堂方面，其實只有對着一個獨立而豎起的十字架才會出現問題，但亦可放植物去擋。

廟宇

住宅凡正對教堂、廟宇、警署、消房局等，均恐煞氣太大，有損人口和睦。

教堂

穿心煞

住宅不宜對着大廈與大廈間之罅隙，如是者，則住宅必然會受到穿過罅隙的氣流所影響，又氣流愈猛，煞氣愈速；罅隙愈長，煞氣愈大，尤其是舊式樓宇，往往多有一條又長又窄之徑巷，而徑巷又會連綿幾條街之長，故形成之煞氣會特別強大（見圖七十三）。

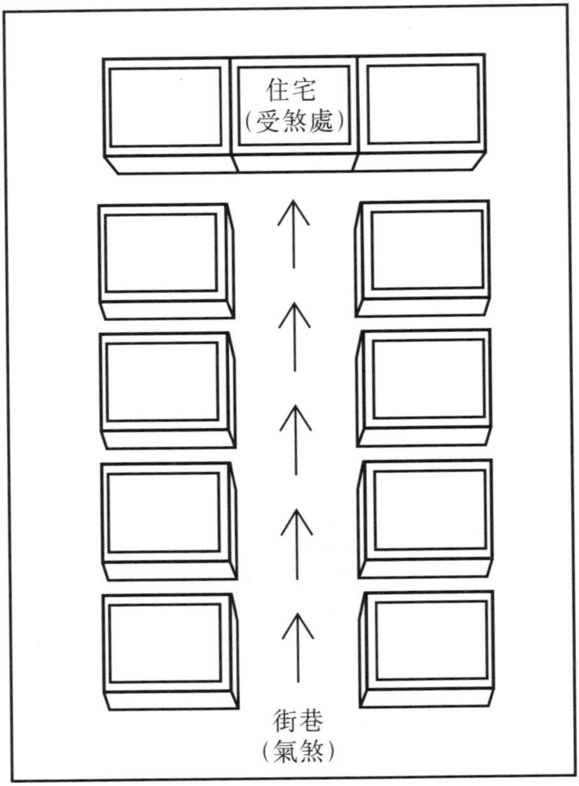

(圖七十三)

火煞

高壓電塔、焚化爐、煙囪、電燈柱、紅色尖塔、鮮紅色建築物等，均屬火煞，如宅外見之，主宅中人脾氣暴躁，情緒不穩，易見爭執。凡此種種，均可用魚缸或水種植物制煞，因魚缸屬水，而紅色、電、焚化爐等屬火，故可以水制火。

制煞以後，更可利用此等煞氣化為己用——如高壓電塔、煙囪等形狀似文筆，以水制火後，便可以化為文昌之用，有利讀書。

高壓電塔

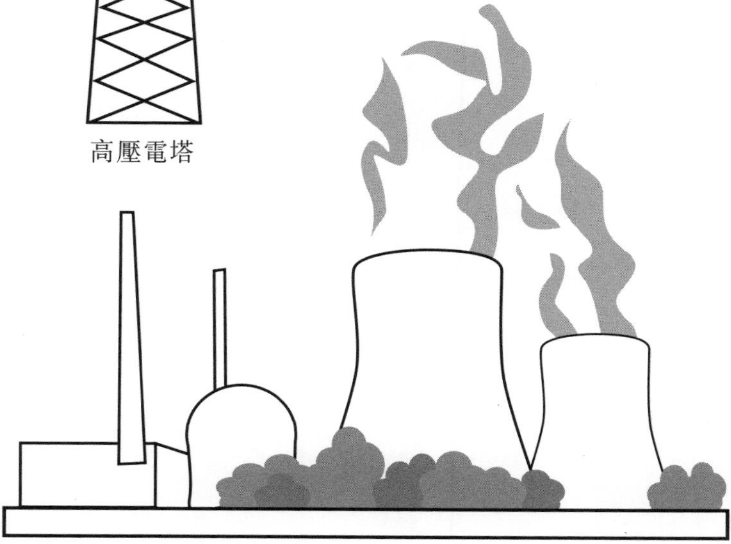

焚化爐

電燈柱為火煞之物，能使宅中人脾氣暴躁，易生爭執。

雞嘴煞

住宅窗外不宜正對外面大廈之角，否則會產生煞氣沖射，輕則損傷，重則大病，又尖角形成之幅度會影響煞氣之大小——幅度愈大則煞氣愈重、愈難化解；愈貼近角則受煞之時間愈快，要愈早化解，以免人口有損。不過，小的尖角並無煞氣，故不用化解。

簡單的化煞方法，就是用仙人掌等尖葉植物化解，同時亦可以加上反光鏡、反光玻璃紙、小石等物件，但遇上強大的煞氣時最好避之則吉，不住為宜（見圖七十四）。

三煞路沖

住宅在十字路口，風水學稱之為「三煞位」（見圖七十五）。路沖之氣屬陽，路沖即陽氣過盛，容易令住在裏面的人精神緊張、脾氣暴躁，更甚者會引致疾病或爭執打鬥。因此，置業選宅時，要避免位處十字路口之低層物業，以保人口安康。如果已經入住，則可以在窗前多種植物去擋。

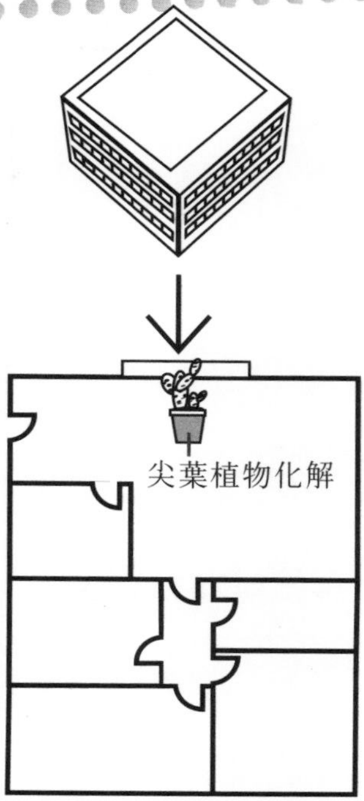

（圖七十四）外面大廈之角正對住宅，會形成雞嘴煞。

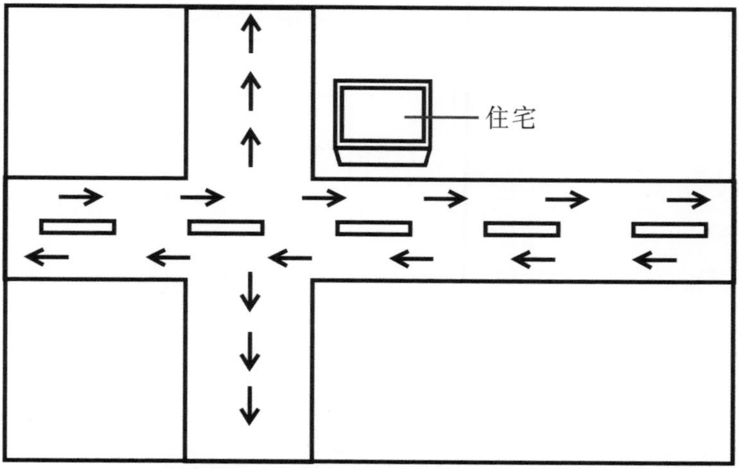

（圖七十五）住宅在十字路口

針煞、鐮刀煞、反弓煞

如住宅窗外遇有針煞、鐮刀煞、反弓煞，皆有鋒利之象，主易損人口，對宅中人不利（見圖七十六、七十七及七十八）。

至於化解之法，就是用魚缸或水種植物對之，正所謂「抽刀斷水水更流」，魚缸的動水能解刀鋒之煞氣。

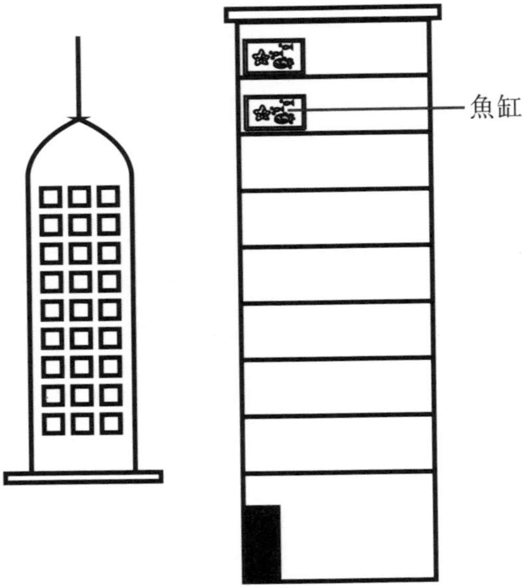

（圖七十六） 針煞

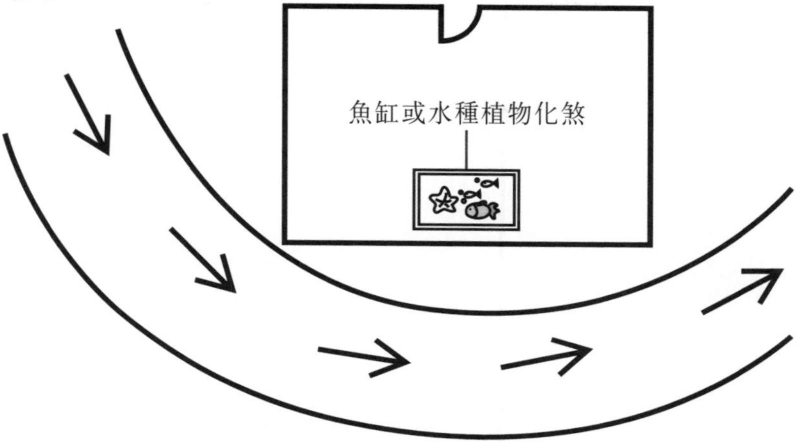

（圖七十七）鐮刀煞

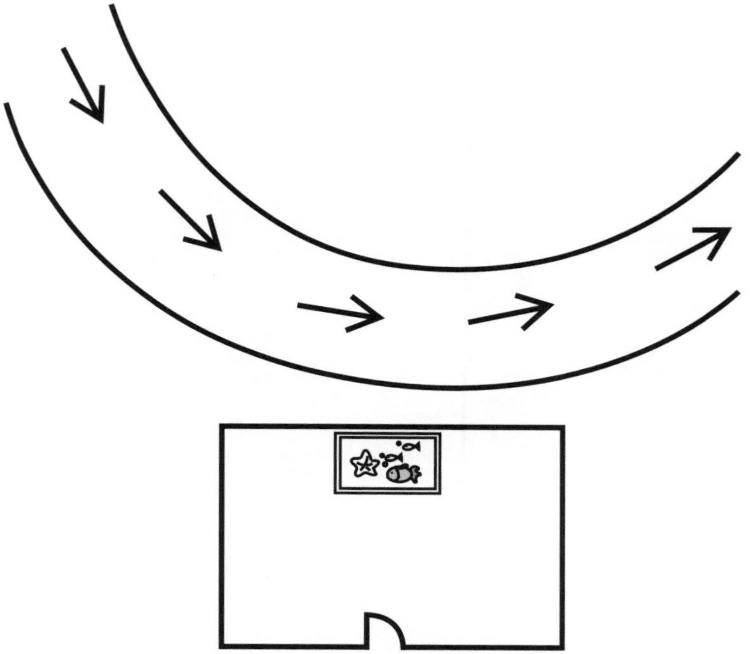

（圖七十八）反弓煞

動土煞

動土煞包括建築、掘地、拆卸樓宇、大廈外牆維修等。

當動土的範圍愈大，其影響就愈大；範圍愈細，影響就愈細。

動土煞主要影響身體健康，對住宅的剋應尤大——輕則無端損傷、疾病，重則手術，對懷孕婦女尤其不利，容易引致流產。所以，室外周圍如遇有動土，一定要加以化解。

住宅正對掘地工程，會受動土煞所影響，不容忽視。

對面的大廈進行外牆維修，煞氣亦重。

凡遇有動土煞，便要以適當的物件來化解。

至於化解方法，就是依據筆者所創之「五行化動土局」，向着動土方向擺放相應的物件。又按照「物物一太極」之原理，每一個獨立的空間都要放一個「五行化動土局」，如客廳、客房、主人房都見到動土，就要放置三個化動土局來化解。

五行化動土局是用木、火、土、金、水五種物件的五行之氣，來化解煞氣。

木——任何植物。

金——金屬發聲物件，如風鈴、音樂盒、鑰匙、六個銅錢或六個女皇頭銅幣。但論最簡單者，必為音樂盒，因扭緊其發條以後，便會發出金屬聲響，又由金屬所發出之聲音，才是化煞的關鍵。因此，切忌使用電子音樂盒，因電屬火，火剋金，就會化掉了音樂盒之作用。

火——紅色物件（如利是封、紅色卡等）。

土——天然石頭。

水——生水，不要用蒸餾水。

以下列出不同方向之動土煞的化解方法：

動土煞在東面及東南面之化解方法

先用音樂盒對着動土之方向，然後依次序再在後面放石頭、紅色物件、植物、水。

動土煞在東面、東南面

可於看見動土煞之窗戶將此陳設直排向着動土之處

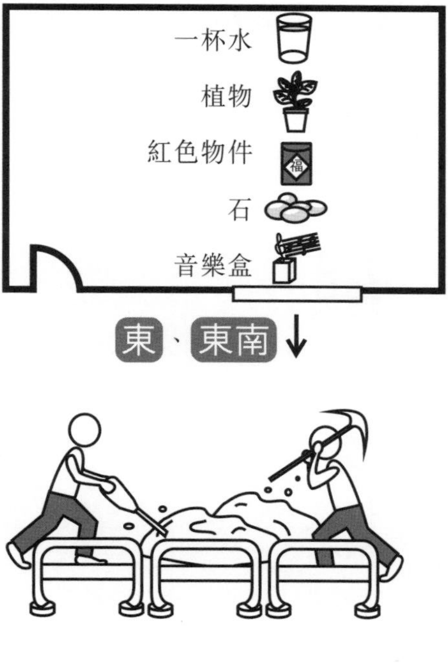

動土煞在南面之化解方法

先用一杯水對着動土之方向，然後依次在後面放音樂盒、石頭、紅色物件、植物。

動土煞在正南

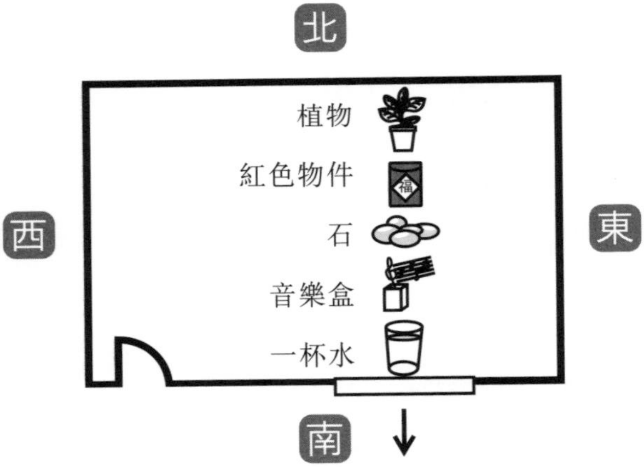

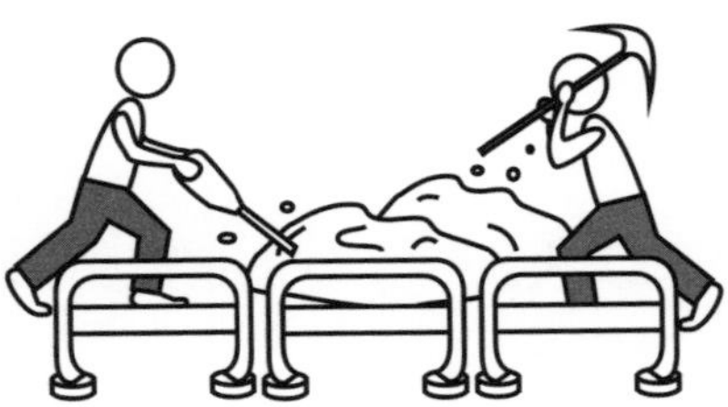

動土煞在西南及東北面之化解方法

先用一盆植物對着動土之方向，然後依次在後面放一杯水、音樂盒、石頭、紅色物件。

動土煞在西南面、東北面

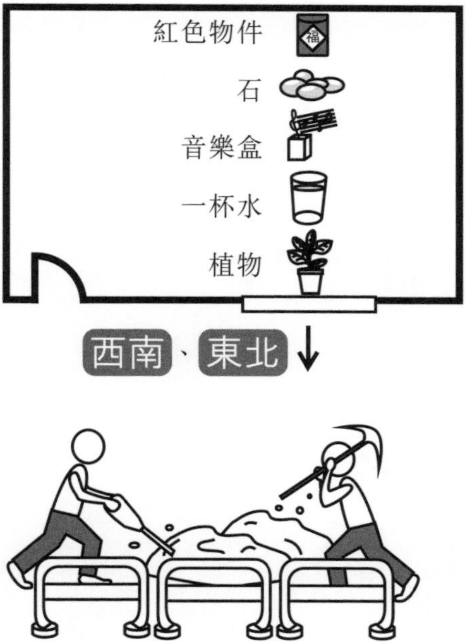

動土煞在正西及西北面之化解方法

先用紅色物件對着動土之方向，然後依次在後面放植物、水一杯、音樂盒、石頭。

動土煞在正西、西北面

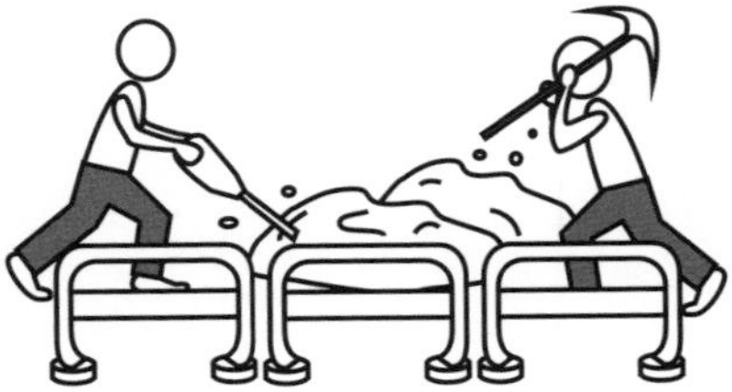

動土煞在正北之化解方法

首先用一顆石頭對着動土之方向，然後依次放紅色物件、植物、一杯水、音樂盒。

動土煞在正北

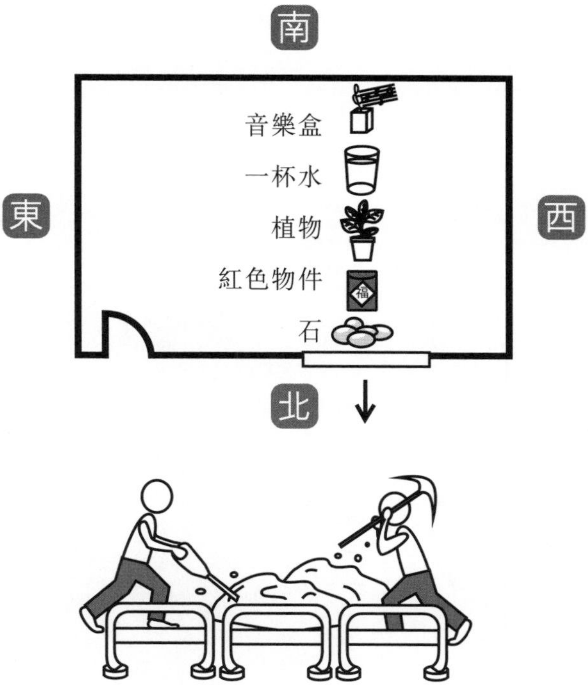

動土而不能分辨方向之化解方法

如外面動土，但不能分辨方向，又或者動土範圍過大，就可用圓形化動土局。圓形化動土局就是將木、火、土、金、水的五行物件擺成圓形，使其氣週流不濟，能化解任何室外之煞氣。

煞不知方向的化解方法——

用水、植物、紅色物件、石頭、音樂盒圍成圓圈，對着動土之方向，以化解煞氣。

動土局不知方向的化解方法

第十一步
室內注意事項

第十一步 室內注意事項

這在《風生水起（巒頭篇）》及《風水天書》已經詳述，但從大方面來看，最主要是留意鏡、燈、鐘。

鏡

最好不要在正對任何門及牀頭、牀尾處放鏡。

（一）鏡對大門

這會將屋內之氣反射到室外，令旺財屋變破財屋，旺丁屋變成損丁屋，且不利宅中人身體（見圖七十九）。

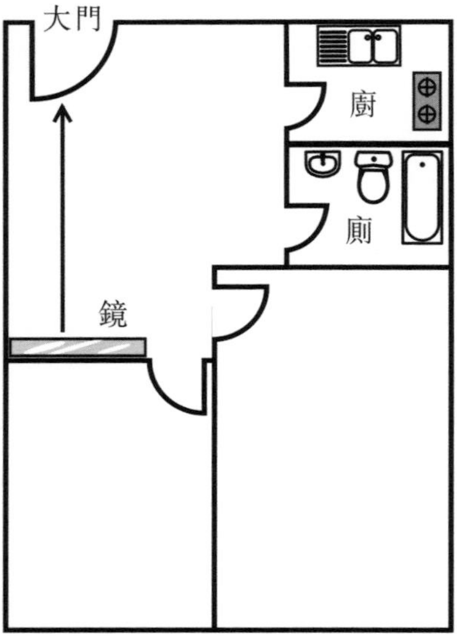

（圖七十九）

（二）鏡對廚房

此乃最常犯之錯誤，因為很多住宅入屋的左面或右面便是廚房，而對面很多時候都會是一堵牆（見圖八十）。

從設計的角度出發，很多設計師會在廚房對面那堵牆做一塊大鏡，讓室內更有空間感。

而從實際層面出發，很多人出門之前都有照鏡的習慣，故很多時會在大門附近裝一面長鏡，而這幅鏡又大多會對着廚房。

鏡對廚房除了不利女主人身體及腸胃之外，亦容易引致家庭不睦，常有口角之爭，故宜將之移走。

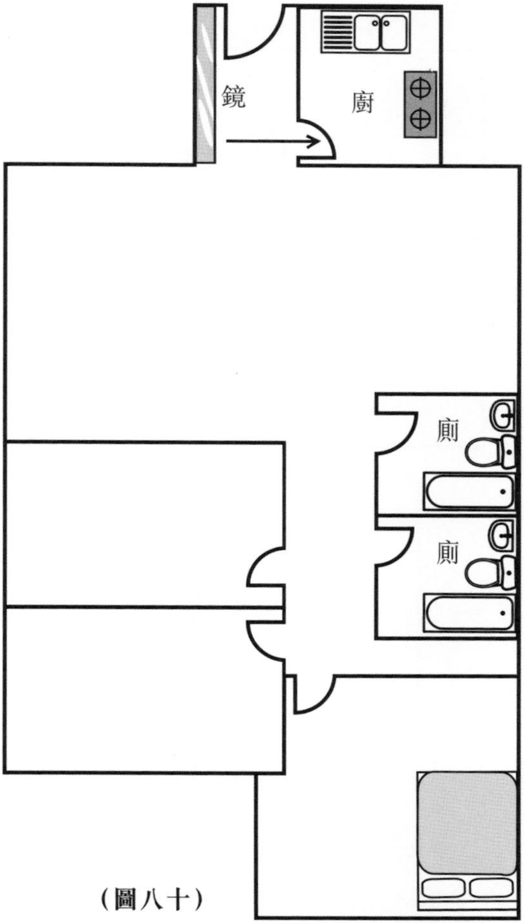

（圖八十）

（三）鏡對廁所或廁所門

廁所裏面有鏡對着廁所門是沒有問題的（見圖八十一），但廁所門外有鏡正對廁所，就容易引致腎、膀胱、泌尿系統之問題，年青人還可，中年以上因腎氣開始下降，毛病就會來得更快與更明顯（見圖八十二）。

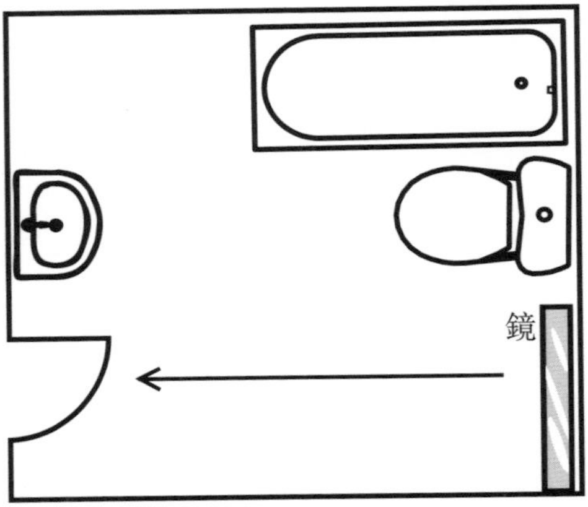

（圖八十一）廁門望鏡並無問題，不會引致疾病。

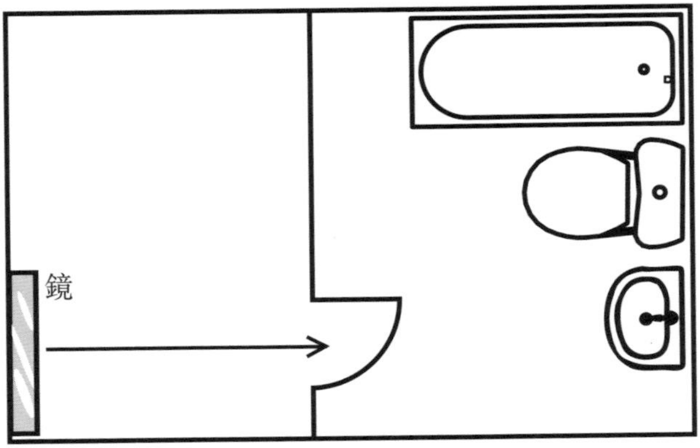

（圖八十二）廁門對正一幅鏡就容易引起泌尿系統等病變。

（四）房門對鏡

房門對鏡，主要是怕睡眼迷濛走出房間時，在鏡中見到自己的影子嚇着自己，而筆者就有一個客人的媽媽因為給鏡中的倒影嚇着而跌倒了兩次。

（五）牀頭、牀尾對鏡

情況與房門對鏡一樣，但牀尾放電視是沒有問題的，因鏡面效果不強，驚嚇到自己的機會不大。

鐘

鐘不宜對門

鐘有時會作鬥煞之用，如可以的話，最好不要對住房門及大門入口，以免每天行入屋或行出房門都被鐘對着。

燈

燈其實沒有甚麼重要要求，尤其是客飯廳、書房、廚房等用甚麼燈都可以，吊燈也好，多少個燈頭也好，都沒好壞影響。唯一要特別小心的是睡房，最好不要有吊燈垂下來壓着睡牀，但如用平天花的燈則安放在哪裏都沒有所謂，亦不宜三盞燈平排向下似三炷香一樣。

其他細節如鞋櫃、睡牀、煮食爐、結婚照、神櫃的安放及禁忌，在《風水天書》內都可以找到詳細答案，自己慢慢細閱吧！

除睡房不宜用吊燈外，其他地方均不忌。

第十二步

風水關謬

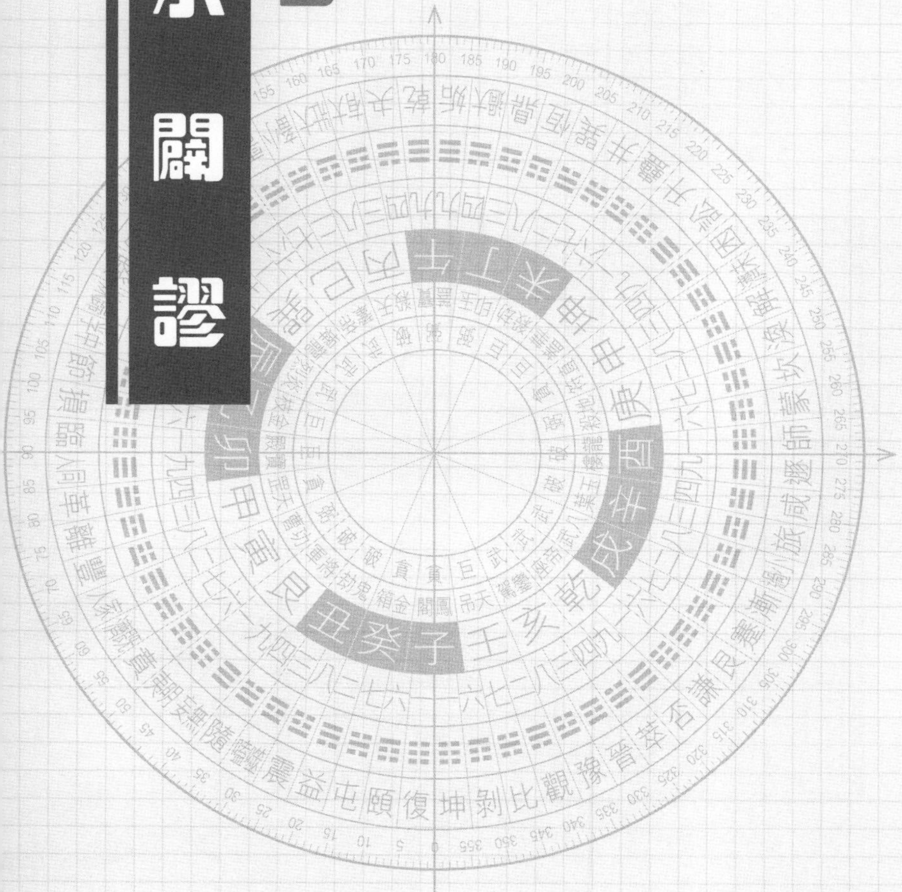

梳化要靠牆

說「梳化要靠牆」的人，可能從來未見過、未住過大屋。

事實上，一間二千尺以上的房子，單是客飯廳已經有五六百呎，客廳兩面牆一般距離起碼二三十呎，如果梳化要靠牆放，那就要手握望遠鏡去看電視了（見圖八十四）。

又外國的房子動輒幾千呎，有客廳又有偏廳，何曾見過他們把梳化靠着牆放呢，上網找一找外國房子看看就知道答案了！

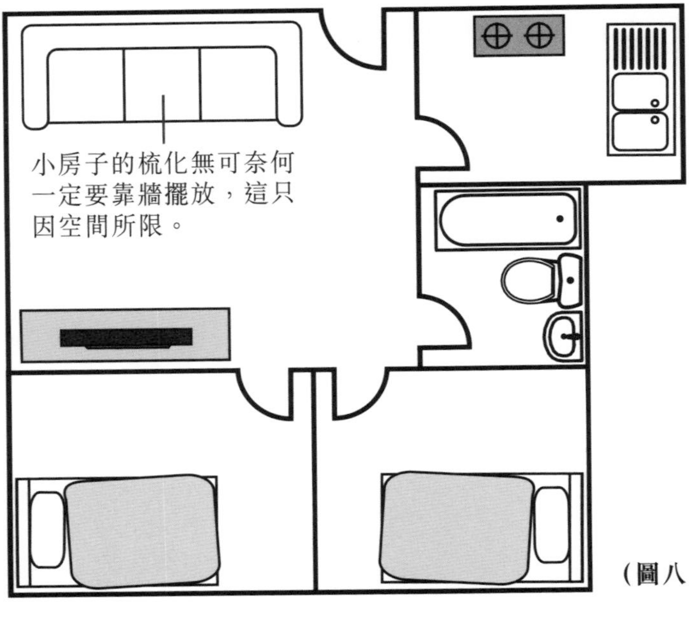
小房子的梳化無可奈何一定要靠牆擺放，這只因空間所限。

(圖八十三)

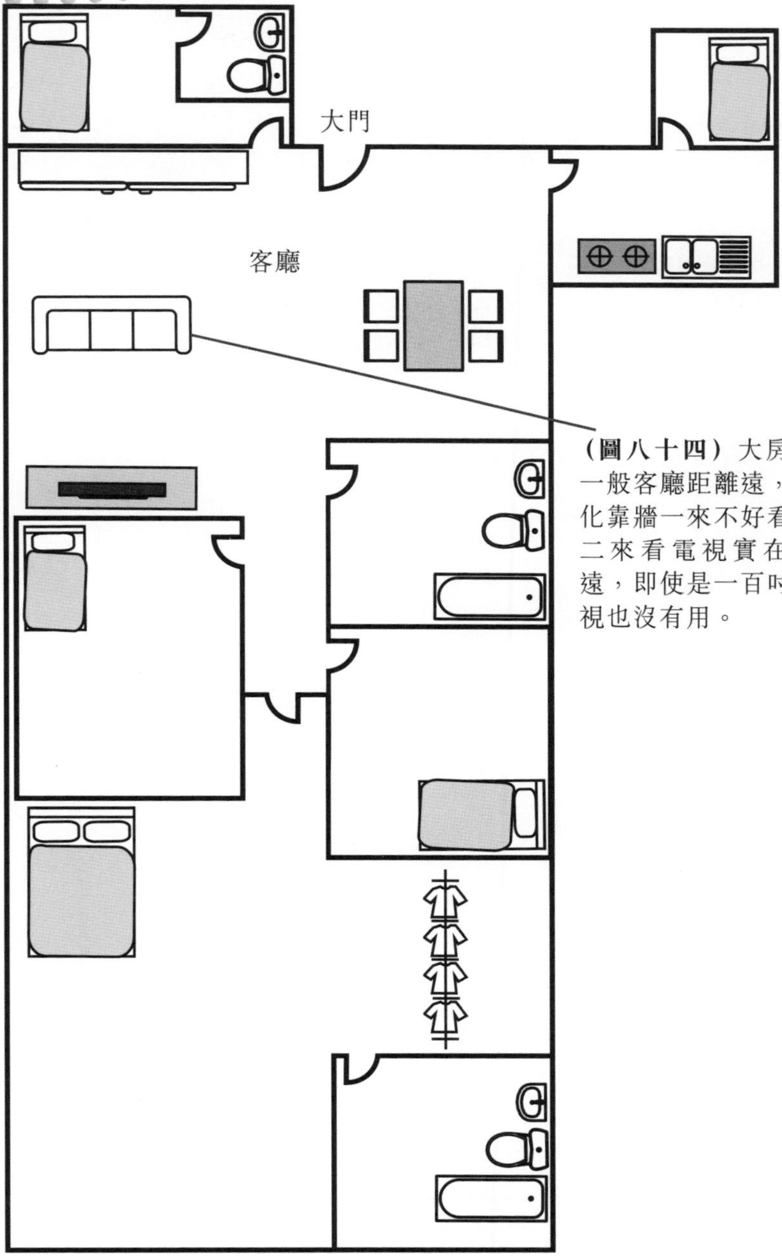

（圖八十四）大房子一般客廳距離遠，梳化靠牆一來不好看，二來看電視實在太遠，即使是一百吋電視也沒有用。

牀頭不能靠窗

一般人說，牀頭一定要靠牆，但這其實是沒有必要的。

事實上，牀頭只要靠實物，睡覺時不會被風打到頭頂，這樣便不會影響睡眠。

因此，就算牀頭靠窗，只要睡覺時不會開窗又或者睡牀牀頭板夠高，則即使睡覺時開着窗，風也不會吹着頭便可以了（見圖八十五至八十八）。

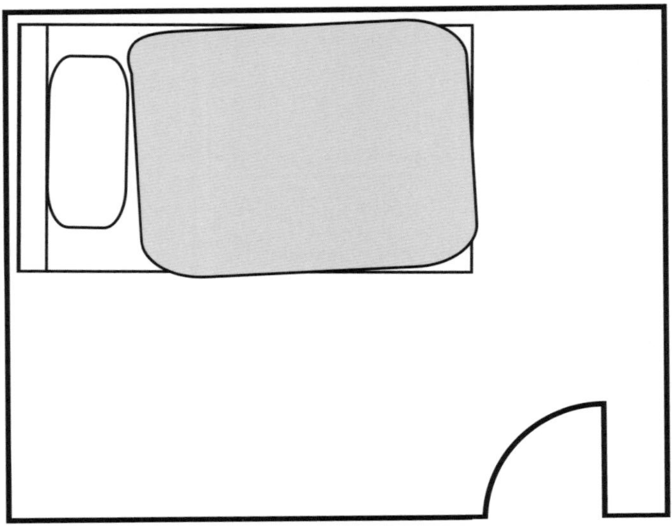

（圖八十五）牀頭靠牆一定沒問題。

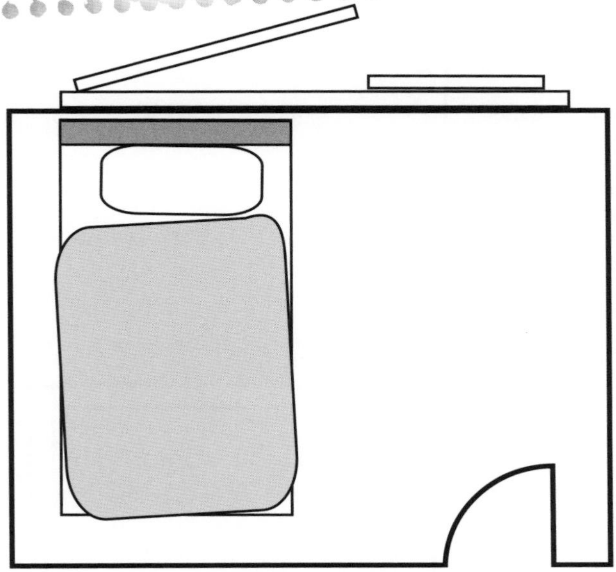

（圖八十六）牀頭靠窗，如睡覺時不開窗亦無問題。

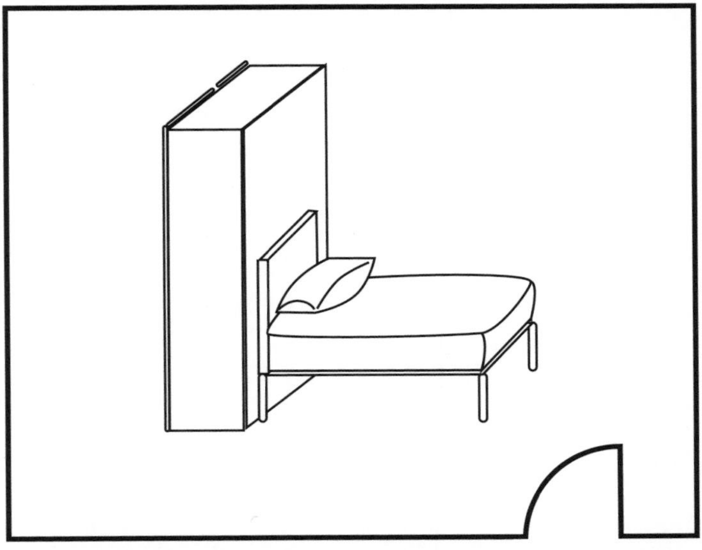

（圖八十七）牀頭靠櫃也算有靠，即使牀放在房的中央也是可以的。

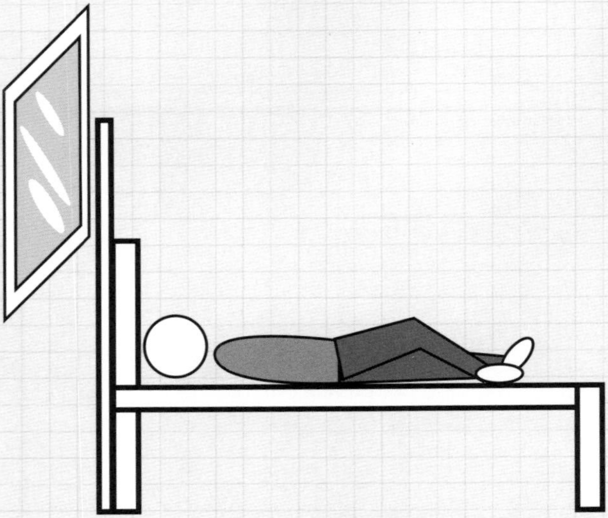

（圖八十八）牀頭靠窗有高牀柄或牀頭板的話，即使開窗睡覺也不會有風打向頭部。

開門不能見灶

廚房門，開門時見到灶頭都沒有問題，不會引致破財或疾病，唯一要注意的是廚房門旁不能放灶，以免開門時風容易將火吹熄。雖然現代的爐灶都設有安全裝置，會把氣體自動截斷，不會引致漏氣危機，但這樣亦會帶來不便，亦不利身體。

更重要的是，廚房的開門位置一般是細局中的五黃位置，即使放不會被風吹熄的電爐或電磁爐，也是不適宜的，以免生旺五黃病氣。

例一

下圖為大門向南的九宮飛布，五黃位在此局的東邊，亦即是門旁放爐的位置。

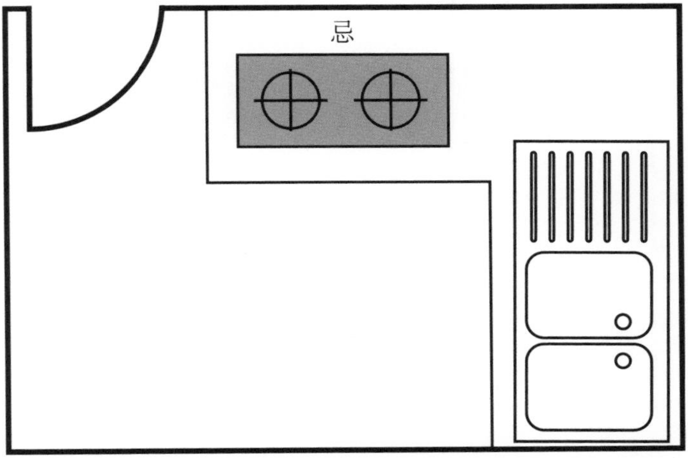

(圖八十九)

例二

下圖廚房的門口向南，九宮飛布的五黃位置在南方，亦正好落在爐灶的擺放位置。

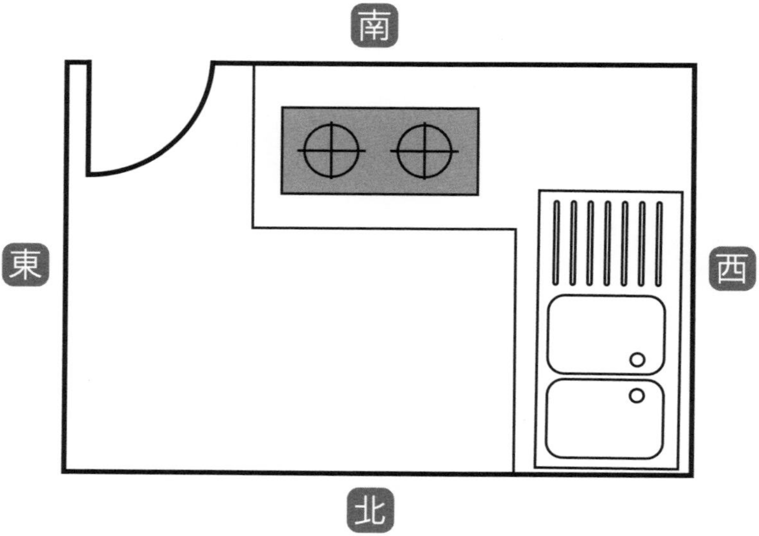

（圖九十）

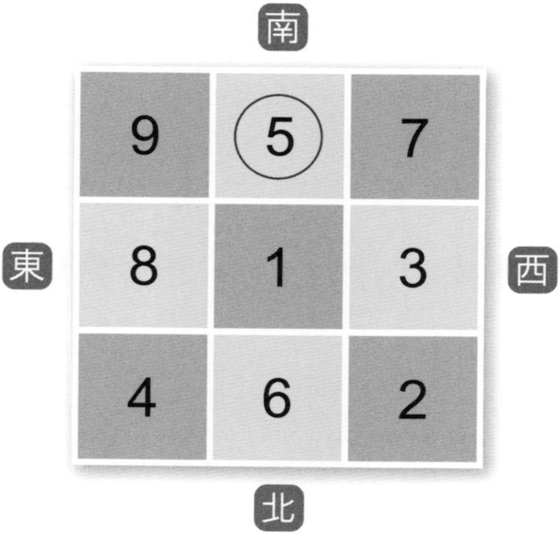

例三

廚房門直對灶頭，在風水上並無壞處，三成以上住宅的廚房一般都是廚房門直對爐灶的。

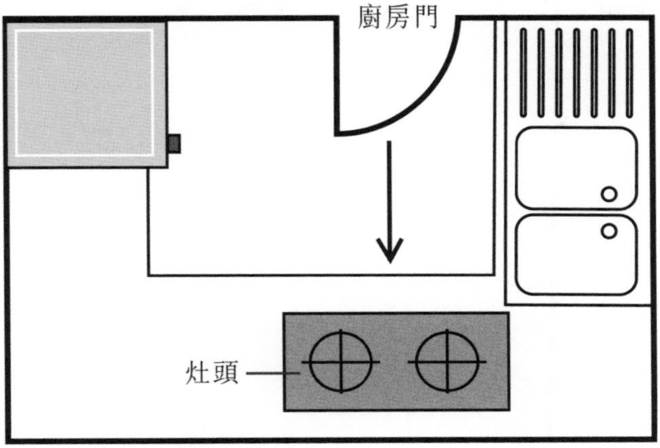

（圖九十一）

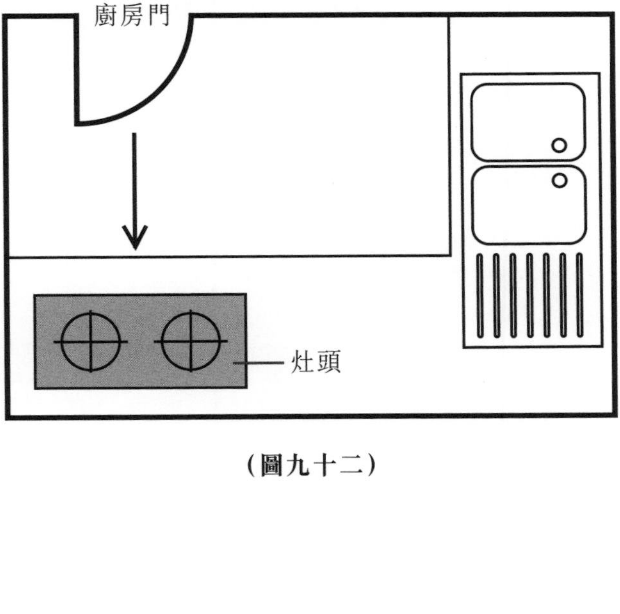

（圖九十二）

又有些人把廚房一切用水的器具，如水龍頭、雪櫃、洗衣機等，都說成不能對着爐灶，而火爐底下的位置亦不能安放洗衣機，說成水火交戰，但這實在是沒有必要的，只有廚房門對廁所門才真正是水火交戰。

簡而言之，廚房門不能對大門、房門、廁所門，不能落在家中五鬼（凶位），而在廚房門邊不放爐灶就是了。

此外，大門開門時見爐灶亦沒有問題，因為廚房很多時會在大門的左右位置，故開大門時見到煮食爐其實很普遍，毋須顧慮，只要大門不是直對爐灶便可（見圖九十三）。

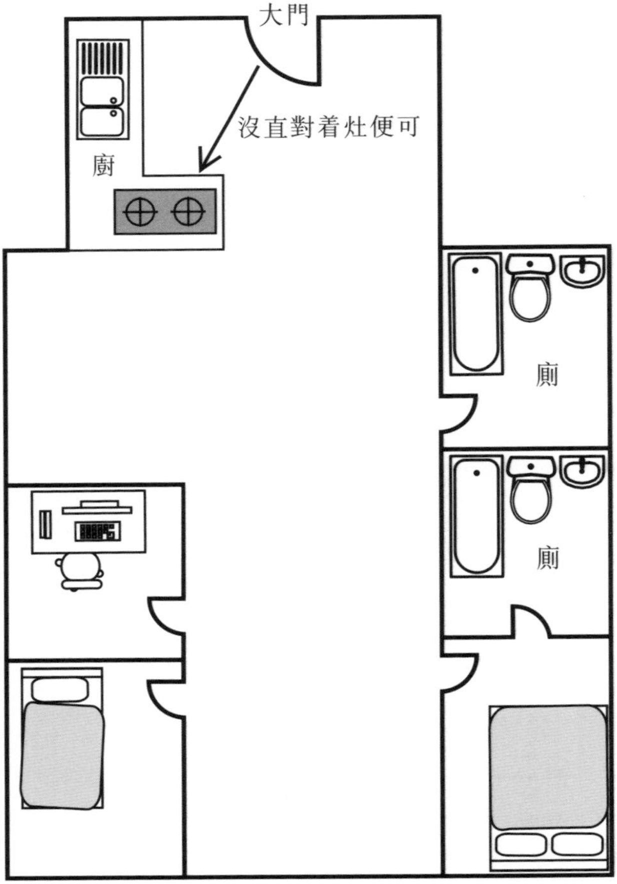

（圖九十三）開門見灶不忌

設置爐灶時，唯一的禁忌是不能置於廚房門旁。

風水物之佈置

風水物品不能亂放，這是很多自學風水的客人常犯之錯誤，他們很多時候會買齊 ABCDE 風水師的書，然後按照每一本書所提到的做法，各取一點要領，自行擺放風水物件。

不難想像，這樣定必會引起反效果，當中尤以貔貅最不能亂放家中，如將之對着自己家門口，而每天入屋的都是自己一家人，則即使能吸財，也是吸自己一家人的財，並非外來之財，久而久之必然破財生病。若然將之放於屋外對着人家家門，便會損人利己，必損陰德，故只可將之放於窗旁，向着窗外無人之處或向海、河、馬路。

至於其他如獅子、老虎、龍、龜、鷹等，也少放為妙。

獅子

貔貅

何謂風水？

風水與宗教鬼神無關，風水是自然科學與統計學合成的一門學説，只要通過學習計算，以及大量實證個案，這其實是一門每個人都可以掌握的學術，與其他學問無異。

不過很多玄學愛好者亦是中國佛教、道教的愛好者，他們有時會把修行的法門用在幫人看風水上面，以致有些人誤會風水與宗教同一系；雖然宗教儀式可能對人或屋產生作用，但實不應該與風水混為一談，好像有些「新紀元」也有一些佈置房子的辦法，惟他們不會以風水相稱。但現代很多人把風水這個名稱濫用了，好像有一次夜蒲，碰見我一個外國客人的朋友，這位女士也宣稱自己懂風水，是在印度學的，但與中國的不同。

其實，風水（堪輿）是中國這門學說獨有的名詞，相等於只有法國香檳區出產的香檳，才能稱做「香檳」，其他地方出產的不論多好喝，一律只能稱為「氣酒」。

而風水也是同一道理，這是一套中國獨有、是三千多年前到現在累積統計而來的專門學說，至於其他看房子的方法或其他法門，不論有用與否，根本不能以風水（堪輿學）相稱。

橫樑壓頂

古時，橫樑壓頂算是一種嚴重的煞氣，但在現代，橫樑壓頂已經不是甚麼嚴重的問題。

橫樑壓頂之所以形成煞氣，主要是橫樑阻礙空氣流動，以致空氣沿着橫樑下壓，人睡在下邊便會受到無形下壓之氣所影響，久而久之便生起病來（見圖九十四及九十五）。年青人還好，但年過四十，體力開始下降，體質開始衰退之時便容易受到影響，又年紀愈大，影響愈大，但這情況只以睡房而言，因氣會在晚上關了燈後，才沿着橫樑下壓。

故此，在書房、客廳或辦公室等地方，因有燈亮着，而燈有向上流動之熱氣，足以與下壓之氣抗衡，使氣不能下壓，故即使坐在樑底，問題亦不嚴重（見圖九十六及九十七）。

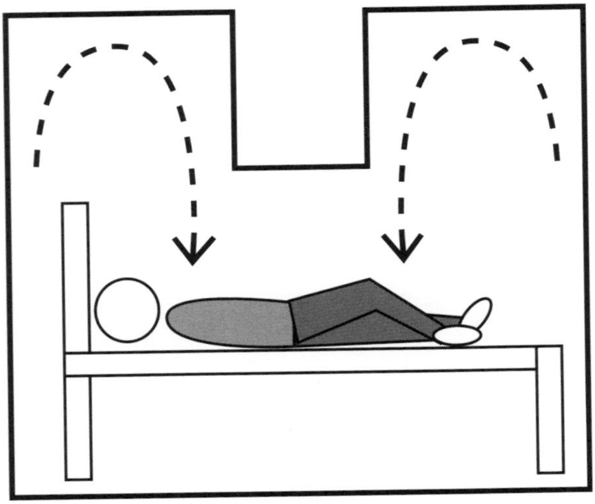

（圖九十四） 關燈後，空氣會沿橫樑下壓。

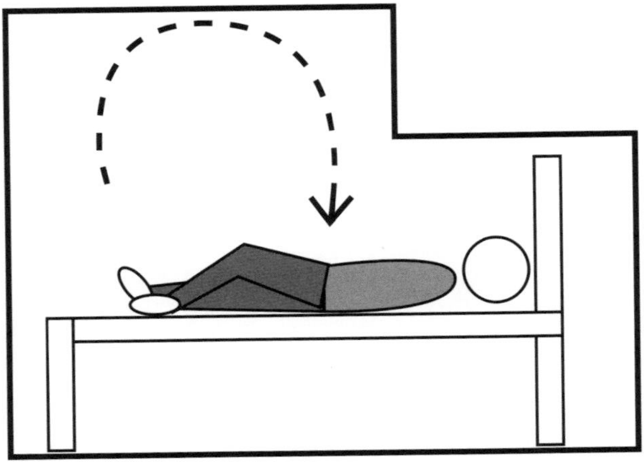

（圖九十五） 睡房橫樑壓頂，於身體不利。

由於燈有熱氣擴散，氣不能沿着横樑下壓，故平時常亮燈的空間，無横樑下壓的問題存在，無需化解。

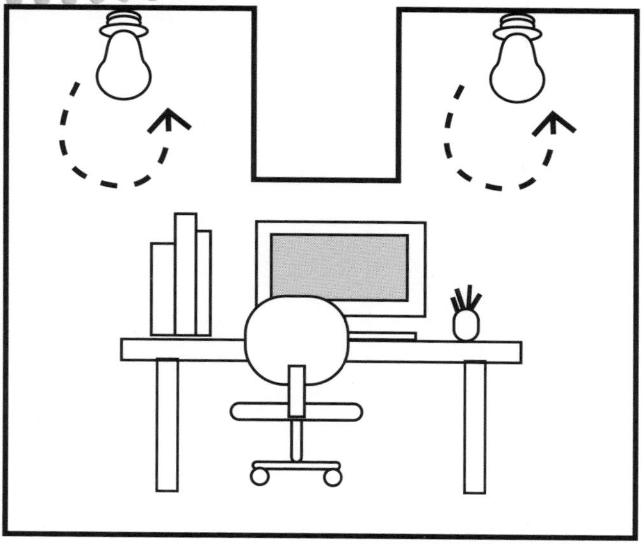

（圖九十六） 書房無横樑壓頂之弊。

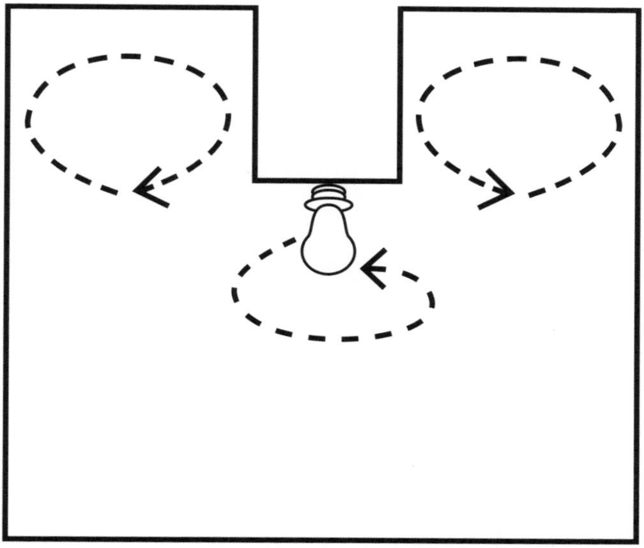

（圖九十七） 燈的熱力會使空氣向上流動，故不會形成氣流下壓。

魚缸

有些人喜歡在家中養魚，小魚缸放在任何位置其影響都不會太大，但大魚缸就要小心一點，最好放在屋的前半部、靠近大門之處，這樣除了起到美觀作用，亦能間接催財（見圖九十八及九十九）。

另外，還要注意魚缸不能對着廚房門，以免變成水火交戰（見圖一百）；如魚缸有大量鏡面裝飾，亦不宜對向大門，以免把屋中財氣反射出去。

魚缸宜長期放在大門附近，而在二〇〇四至二〇二三年八運期間，亦宜置於宅中西南位置。二〇二四至二〇四四年則宜放在北方。

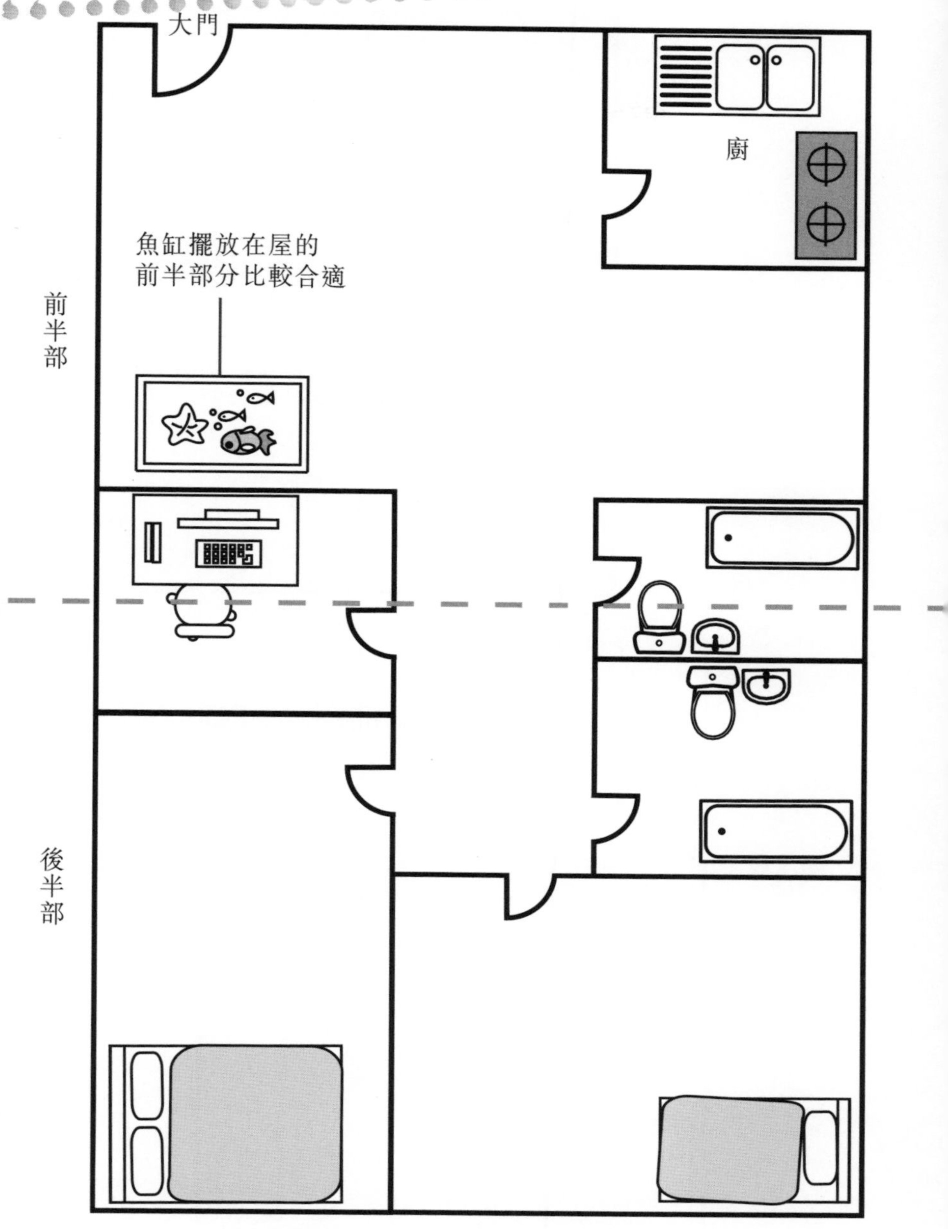

（圖九十八）魚缸宜置於屋的前半部

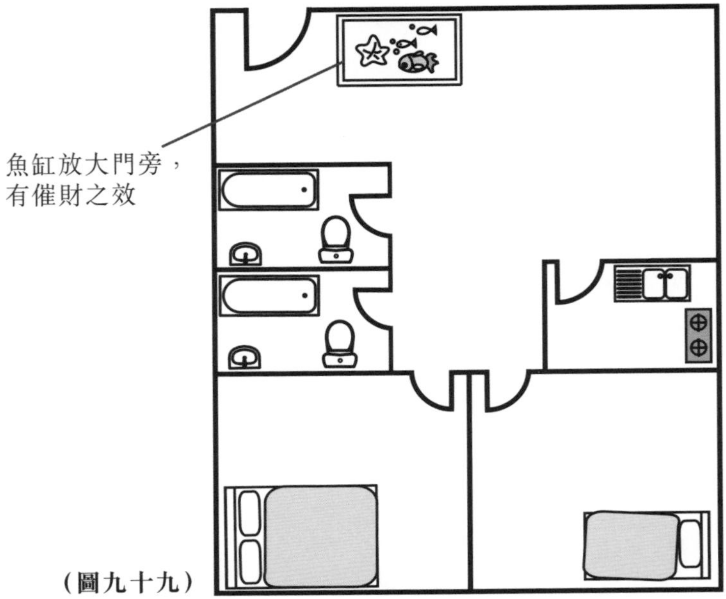

（圖九十九）

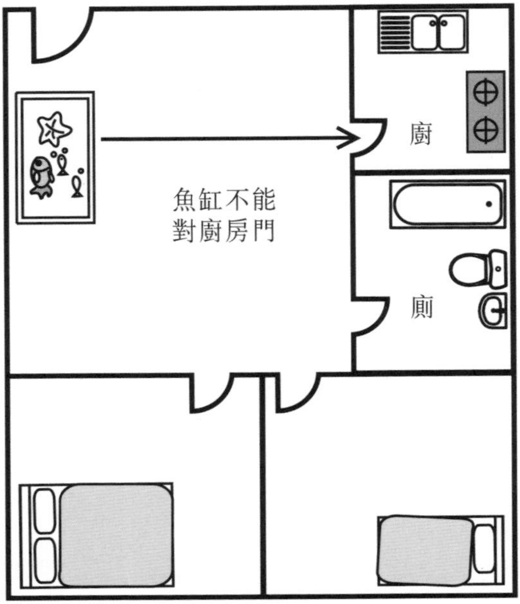

（圖一百） 魚缸對廚房門，會變成水火交戰。

何謂入伙？

入伙與搬屋是不同的，搬屋是搬屋，入伙是入伙。事實上，入伙儀式除了因應個人的宗教信仰而有所不同外，其他一律都是開爐煮水又或者煮一餐飯，因在屋內吃掉於宅中烹煮的食物後，就等於與這屋正式發生關係，如此者即為正式入伙。

所以，有時分開多天搬屋，只要在搬屋前、搬屋期內甚至入住以後，挑一個沒有相沖家人生肖的日子，再選一個吉時去開爐煮水，並將水喝掉，這樣入伙儀式便大功告成。

如果自己有宗教信仰，則宗教儀式要在吉時先開始，然後再開爐煮水。

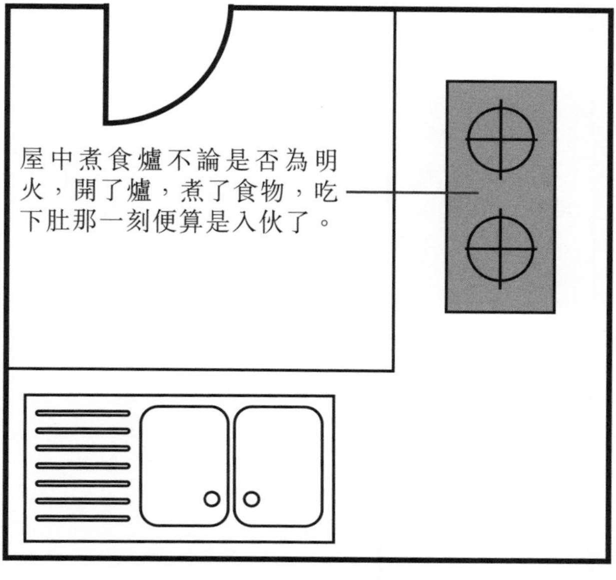
屋中煮食爐不論是否為明火，開了爐，煮了食物，吃下肚那一刻便算是入伙了。

（圖一〇一）

書房禁忌

家中書房其實無甚麼禁忌，不像寫字樓，背後不能無靠或對着門、走道相沖，因家裏是自己一家人居住的地方，不論背門或對門而坐，都沒有不能集中精神的問題。

唯一要注意的是，如果家中還有人讀書要考試的話，書房宜選在家中的文昌位，次選是房中的文昌位。

至於會在家中辦公事的人，則宜選桃花位以利人緣、用財位以利生意。但如家中書房只是用來上網、看電視、玩遊戲的話，則不論在任何方位也無問題，即使在五鬼位亦無大礙。

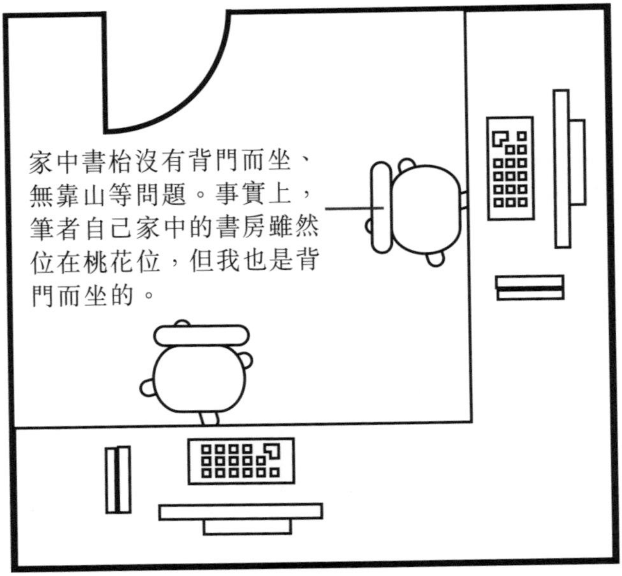
家中書枱沒有背門而坐、無靠山等問題。事實上，筆者自己家中的書房雖然位在桃花位，但我也是背門而坐的。

(圖一〇二)

(圖一〇三) 家中的桃花位為我的書房，有利我寫作，靈感不俗，作品容易受歡迎。

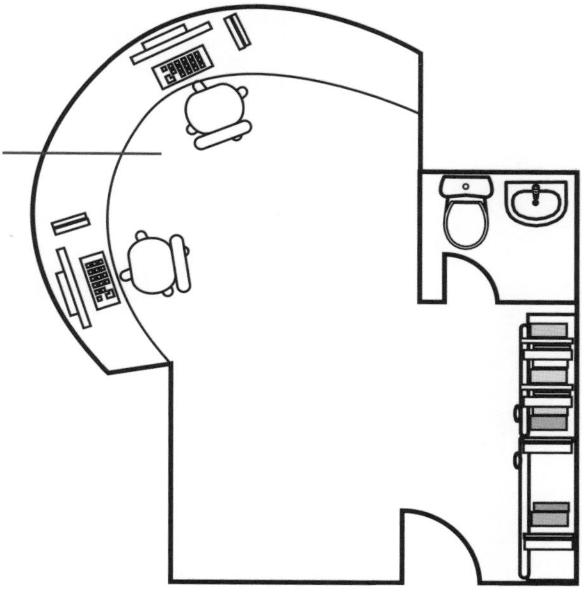

書房設在宅中文昌位或房中文昌位，利於讀書考試或文書處理。

廁所對飯枱

其實，客廳的廁所不是對飯廳便是對梳化，這是香港一般房子的常見現象，並無好與不好，最怕是廁所對大門、對廚房或是主人房，才會令腎、膀胱、泌尿系統出現毛病。像筆者以前的房子，便是廁所對着我吃飯的坐椅（見圖一〇四及一〇五）。

事實上，只要廁所清潔，不會傳出異味，這樣便沒有問題，因現代的廁所不同以前的旱廁。在旱廁的年代，不要説飯枱對着廁所，相信連靠近廁所也會食不下嚥，所以這是衛生問題大於風水問題。

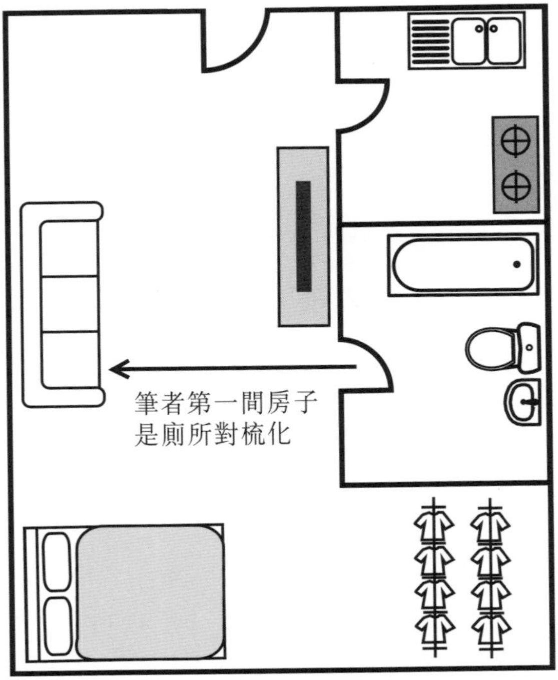

(圖一〇四)

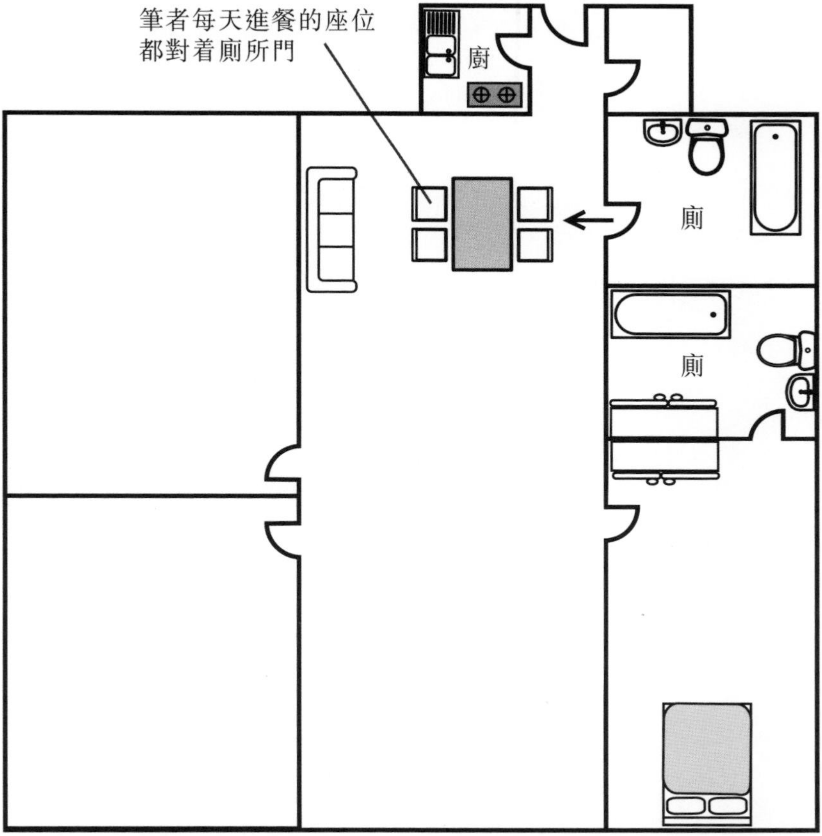

（圖一〇五）

玄關燈要長開？

「玄關燈是否要長開？」是筆者時常給人問到的問題。

沒錯，玄關與陰暗位、走廊位的確要裝燈，但並不表示這些燈要長開，而大門外的燈也一樣。

事實上，大門外的公眾位置已二十四小時都亮着燈，只不過有些人覺得不夠光亮，才在自己門前再多加一盞燈，讓門外光亮一點。

不過，無論玄關燈、門口燈抑或走廊燈，都沒有二十四小時開着的必要，只要在每晚睡前亮着這些陰暗位的燈，到早上關掉便可以，又或者在覺得太陰暗時才把它亮着亦可（見圖一〇六）。

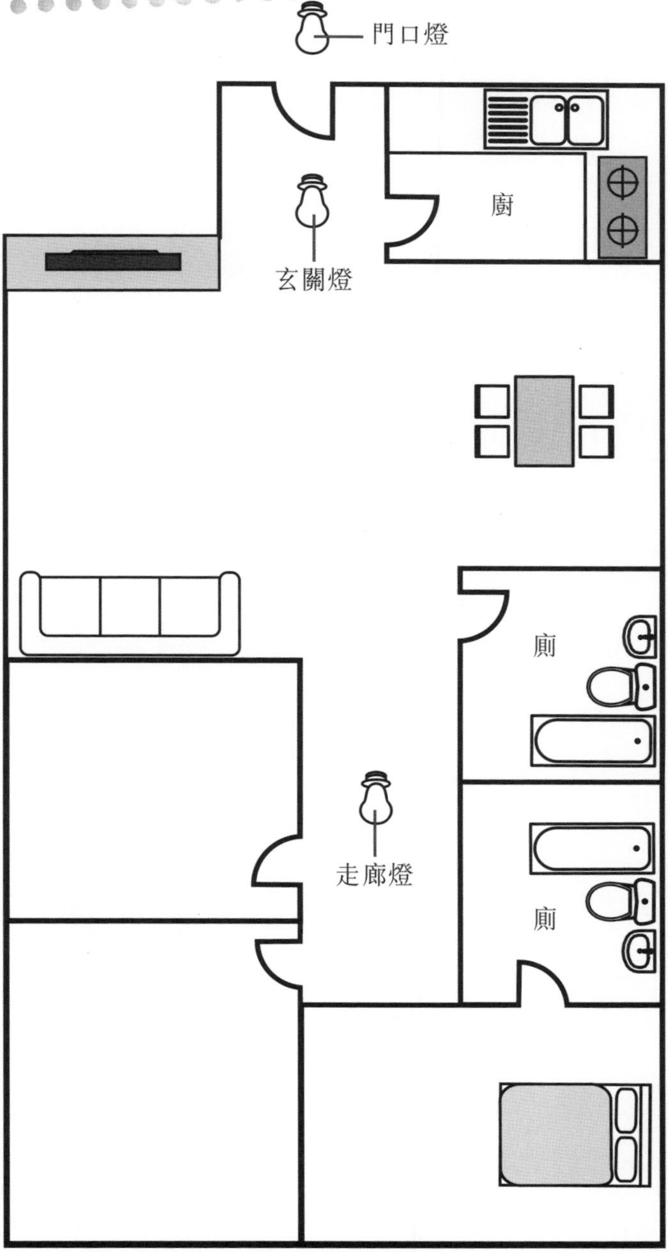

（圖一〇六）

後記

以上各章節是我用讀者的角度去寫的，首先會想讀者買房子前所遇到的問題，然後是買了房子以後該如何佈局，以及道聽塗説的很多風水謬誤。我已將自己能想得到的，都已經加以説明，但當然會掛萬漏一，其他我在書中説漏的，相信在我的其他著作裏面會找得到適當的答案。

蘇民峰

如何選擇風水屋

作者
蘇民峰
編輯
吳惠芳
美術統籌及封面設計
Amelia Loh
插畫
Human Ip
出版者
圓方出版社
香港北角英皇道499號北角工業大廈20樓
電話：2564 7511
傳真：2565 5539
電郵：info@wanlibk.com
網址：http://www.wanlibk.com
http://www.facebook.com/wanlibk
發行者
香港聯合書刊物流有限公司
香港荃灣德士古道220-248號荃灣工業中心16樓
電話：2150 2100
傳真：2407 3062
電郵：info@suplogistics.com.hk
承印者
中華商務彩色印刷有限公司
香港新界大埔汀麗路36號
出版日期
二〇一九年一月第一次印刷
二〇二四年六月第三次印刷
規格
32開（216mm X 143mm）

版權所有 · 不准翻印
All rights reserved.
Copyright ©2024 Wan Li Book Co.Ltd.
Published in Hong Kong, China by Forms Publications,
a division of Wan Li Book Company Limited.
ISBN 978-962-14-6927-4